顧問先の悩みを解決する

人件費マネジメントの教科書

personnel expenses
management

社会保険労務士 大津直高 著

はじめに

　士業たる顧問の役割は、顧問先の困っていることを解決しながら、会社の継続を支援する。そして、最終的な目的は顧問先の業績を上げることではないでしょうか。だとすると、経営資源と言われる「ヒト・モノ・カネ」の人と金の両輪から顧問先を全面的に支援し、強い会社を創ることが重要になります。私が考える人事コンサルティングの最終目的は、健全な人事と財政状態を創り出し顧問先の業績向上に貢献することです。

　「具体的に何を？」と思われるでしょう。人事という表現ではなく、「人件費の適正化」という表現だとピンとくるのではないでしょうか。ご存知のように人件費は最大の経費です。利益計画に大きく影響するものです。しかし、人事計画がなく現実的には行き当たりばったりの人事、これが中小企業の実態です。加えて労働人口減少の問題があるにも関わらず人事（人件費）に関してはどんぶり勘定になっています。これらの現実を直視すれば、人事計画を教えてくれるブレーンがいないこと、さらに人件費のどんぶり勘定が問題だとさえ思わない顧問先がほとんどであるということが原因であるといえるでしょう。

　私が考える人件費の適正化とは、①キャッシュフローに合った人件費になっているか、②売上規模に見合った従業員数になっているか、③従業員のモチベーションが高い状態を維持しているか、この３つの指標から顧問先の人件費の適正を判断するというものです。人件費は人事の運用結果そのものです。景気が不安定なこういう時代だからこそ、人件費という視点から人事アドバイスを顧問として行って欲しいところです。大手企業には独立した人事部があります。しかし、中小企業には人事を担う部署も人員もいません。

　大企業と中小企業の組織上の最大の違いは従業員に投資する経費と時間及び労力だと思います。大企業は「企業は人なり」ということを十分に理解しています。まず金をつくり、その金で人を雇用し、その人が会社を創るという当た

り前の構図を理解し、実行し続けているのです。これに対し、中小企業は経理がついで業務で労務を行っている、これが現状です。もし、中小企業にも従業員のミライを創る人事部があれば日本の中小企業のミライは必ず変わってきます。予算等の関係から人事部を置くことが難しいことは重々承知です。この問題を少しでも解消させるために、この本では人件費から人事を考察できるように展開しています。

　一番身近な顧問（税理士・社会保険労務士・中小企業診談士等）が人件費からアプローチできる人事のアドバイザーになっていただきたい。そして、『ミライ100年続く中小企業』を目標に、会計を出発点とする人事コンサルティングの仕組みをご理解いただければ幸いです。

　令和2年10月

社会保険労務士　大津直高

この本の使い方

　この本は、説明文と図解、そして『人事コンサルの現場から』というケーススタディから構成しています。ケーススタディは、実際に顧問先での会話イメージを持っていただくものです。知識を習得しても、実際に話をする際にどのよう展開していったらいいのかイメージが持ちにくいと思います。『人事コンサルの現場から』は、私が直面したケースをもとに執筆したものです。まずは基本的知識の習得、そしてそれをできるだけ図や表を見ることにより直感的にイメージしていただき、このケーススタディで自分が顧問先で実際に話しているイメージをつかんでください。私も養成塾というものに幾度か参加したしたことがあります。受講しているときは自分でもすぐにできると想像するのですが、いざ顧問先で相談を受けた時に、どのように展開して、どこに落とし込むのか分からなくなった経験があります。この問題を解消するには、経験値（センス）が必要になってきます。経験値とは、失敗が多いほど精度が上がるという皮肉なものでもあります。時間をかけずに失敗も避けたいと誰もが考えることでしょう。これを解決する特効薬はないと考えるべきです。人というものは最初の試みは不安なものです。その不安を少しでも解消できるように、このケーススタディを活用していただき最初のコンタクトのイメージを作っていただけたらと思います。そのために、『人事コンサルの現場から』を一読した後すぐに該当する顧問先をイメージしてください。そして、そのイメージをすぐに書き留めてください。必ず今後の顧問先へのアドバイスに役に立つはずです。書き留めておくためのページを設けていますのでぜひご活用ください。図解は、私が実際に人事コンサルティングを行う場合に使用しているものも載せています。図解で表示できるということはパターン化できるということです。まず左のページの文章を読み、右のページの図解を見る。こうすることで文章を理解するというより、直感的に把握しやすくなります。

　人事という慣れないテーマですから最初から理解するというより、イメージをもってから把握、という流れをつかんでみてください。

目　次

（注）本書の内容は、令和2年9月末日現在の法令等に基づいています。

第 **1** 章

なぜ税理士が
人事コンサルティングに適任なのか

経営資源について、法律を守ることとそれを活かすことは、別の思考で考えるべきということは言うまでもありません。お金でいうならば、税法や商法という法律を遵守し経営資源であるお金を税金等で支払うことと、投資等でお金を投入すること、あるいは資産の購入や人材確保のためにお金を使うことは、同じキャッシュアウトでも目的は全く異なります。もう一つの経営資源である人材も同じです。労働法は順守するために労務管理をきちんとしなければなりませんが、その人材をどのように活かすかという問題は全く異なります。この違いを一言で表現すると、「労務と人事は異なる」ということです。

　また、お金の視点から見ると、労務では賃金という表現になります。賃金とは労働の対価です。つまり、労働者が受け取る債権のことです。これに対し、同じお金でも会社視点で考えると人件費という経費になります。これは会社が支払う債務になります。賃金から人事を考察するのと、人件費から人事を考察するのでは見え方が全く異なることはご理解いただけると思います。人事を構築するのは誰でしょうか。労働者ではありません、会社です。だとすると、賃金基準ではなく、人件費基準で組み立てていかなければなりません。更に言うならば、人事とは会社の業績を向上させるための会社の施策でもあります。

　以上の点から人事をコンサルティングするのに適任な顧問は、労務ではなく人件費という会計のプロである税理士である、という私の考えはご支持いただけるかと思います。

　人件費を中心とした人事についてさらに考えを展開してみましょう。

　私は社会保険労務士として16年間顧問先の人事コンサルティングに携わってきました。人事コンサルティングを行う場合に大前提となるのが、顧問先の財務状況をはじめとした経営数値です。人件費は、社会保険料などの法定福利費を考慮しないとしても、損益計算書の販売費及び一般管理費に一番多額の費用として計上されるものです。ですから、人事コンサルティングを行う場合、顧問先の財政状態を示す財務諸表・キャッシュフローに関する資料の分析からス

支出の意味を明確にしましょう

人件費　　←異なる→　　賃　金

■会社の経費
■会社の債務である
■支払の集合体

■労働の対価
■労働者の債権
■各労働者人への支払
■労働基準法遵守

同じキャッシュアウトでも全く意味が異なる!!

賃金基準ではなく、
人件費基準で構築すること！

顧問先は『人件費』という概念は持っているが、『賃金』という概
念はほとんど持っていないと考えるべきである。顧問として、顧問
先にストレスを感じさせない会話をするには、まず『人件費』とい
う概念に思考を変えておくことが重要である。

タートしなければなりません。「顧問税理士が人事コンサルティングを行えば
もっと良いものができるのではないか」と、いつも感じてきました。16年間の
人事コンサルティングで培ったノウハウやシステムを顧問税理士の方々に提供
すればどうなるだろうか、そうすれば日本の中小企業はもっと強くなるのでは
ないか、そのように考え全ての顧問先の経営がより良いものになるよう、この
機会にお伝えしたいと思います。

　では思考を転換していきましょう。
　従業員は会社にとっては資産と考えるべきです。特に日本の労働基準法では
解雇が難しいとしている以上、雇用を継続することが前提となります。しかし、
財務諸表上では賃金という経費計上しかありません。従業員という資産価値（以
下、「従業員資産」という）はオフバランスになっているといえます。新卒か
ら定年まで従業員に支払う賃金総額は約２億円と言われています。従業員１人
当たり２億円の資産と考えるならば、10人雇用している中小企業では20億円の
資産を有していることになります。資本主義の大前提は、持っている資産をお
金に換えることです。だとすると、お金を多く稼ぐには資産を多く持てばいい
ことになります。しかし、中小企業は多くの資産を取得することは困難です。
そこで、従業員資産を有しているという認識を持つべきです。しかも、従業員
資産は入社後の施策によっては２億円の価値を３億円の価値にすることができ
ます。これには１億円の支出は伴いません。この従業員資産の価値を向上させ
る施策を「人事」という、このように私は定義しています。

　中小企業の従業員資産価値を向上させ、中小企業でも100年続く企業へ。人
事と会計から顧問先を全面的に支援する、このテーマが士業のミライ形になる
と思います。次にその士業のミライ形について考察します。

そもそも人事ってナニ？

資産とは収益獲得に貢献し得る価値である

収益を向上させるには
資産価値を高める（増やす）こと

従業員は会社の資産である

従業員の資産価値を高める

収益向上に貢献する

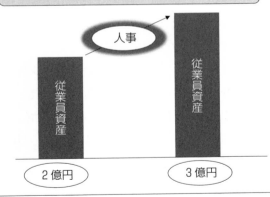

これが基本的考え方であると認識して欲しい。
この考えになれば顧問としてのアドバイスの本質が変わってくる。

人口減少、AIによる技術革新が急速に進んでいく未来経営において、人とお金の両輪から顧問先をサポートしていかなければならないミライがすぐそこまで迫っています。そして、そのミライはコロナショックで一気に近づいたと考えてください。逆の言い方をするならば、両者からアプローチできない顧問は市場から支持されなくなる、といってもいいでしょう。顧客に一番近い小売業飲食業で起こった事実をサービス業は追随します。士業はサービス業ですから、小売業がどのような変遷をたどったかを見ると士業のミライも見えてきます。私が生まれたころの小売業は商店街が業態の中心でした。購買店と称する単体ロードサイド店もたくさん存在していました。その後、時代はスーパーマーケットが主流になります。スーパーマーケットは豊富な品揃えをし、そこに行くと何でも揃うというワンストップショッピングへと時代は流れていきました。

　旧来より続く士業の事務所形態は購買店に該当し、一歩進んだ事務所は各士業との連携を打ち出してきました。これは商店街に該当します。そうすると、今後はワンストップサービスに移っていくことになります。残念ながら手続きや作業などのワンストップサービスを行える士業は弁護士のみです。弁護士以外の士業は手続きや作業などのワンストップサービスに手を出せないのです。現に私の周りの弁護士事務所でも、税務労務を含めたワンストップサービスを勢力的に展開している方も現れています。具体的には吸収といった形です。今後はこの動きは過払い金請求手続きのごとく嵐のように吹き荒れると思います。この嵐にのみ込まれないようにするにはどうすればいいのでしょうか。対策はあります。対策も小売業から学ぶのです。

　小売業は今やワンストップショッピングは崩壊しつつあります。市場が成熟し消費者が物やサービスを比較検討する必要がなくなると、人は買う物を決めて購入するようになります。この場合はたくさんの品揃えは不必要です。必要なことはすぐに買えることです。そうです、ショートタイムショッピングが望まれるようになったのです。これがコンビニエンスストアです。少々高くても品揃えが少なくても近くにあり、いつでも買える店舗、それがコンビニ。消費

小売業から学ぶ

個人商店

選択が必要な場合は、より多くの
ものを選択できるワンストップ
ショッピングに移行する

ワンストップショッピング

市場が成熟すると、ワンストップ
からショートタイムショッピング
に移行する

ショートタイムショッピング

新しい生活スタイル

今後はショートタイムショッピン
グからネットショッピングに移行
する

ネットショッピング

我々士業は小売業に例えるなら、今は個人商店の時代である。
今後はワンストップサービスに移行するであろう。
しかし、手続や処理・作業レベルでのワンストップサービスの追求は、
弁護士以外は危険！
ミライ構築型のワンストップサービスか、次のショートタイムサービス、
あるいはネットサービスを模索すること。

者はこの業態を支持したのです。これ以外にもディスカウントストア、専門店という業態も台頭してきました。また、コロナショックで消費者の生活スタイルも一変しました。今ではネットでのショッピング形態が主流です。このことから我々士業（弁護士以外）が進む選択肢は決まってきます。コンビニのアイテムは、品揃えは少ないが生活に必須の食べ物と日用品はおおよそ揃っています。そして生活に関する便利な情報関連サービスもあります。これを生活ではなく経営に置き換えるならば、旧来の税理士事務所は食べ物という会計しか提供していませんでした。そこに日用品という人事を加えるのです。つまり「経営に必須の会計と人事に関するものはおおよそ対応できる。そして情報も提供できる」。このような事務所が顧問先から支持されます。いかがでしょうか。全国7万9千人の税理士（この数は全国のコンビニ数の店舗数に匹敵する）の方が人事に関することも対応できればどうでしょう。そしてインターネットで相互に共有できた情報を提供しながら顧問活動ができるとすればどうでしょうか。この道がワンストップサービスに対抗できる手段だと思いませんか。そのためにはまず、税理士の方が思考を転換し、少しだけ知識を習得していただく必要があります。ヒトとカネ、つまり人事と会計の両輪から顧問先を支援する仕組み、これが士業のミライ形ではないでしょうか。

第 2 章

人件費マネジメント

『人件費マネジメント』。これはあまり聞きなれない言語だと思います。人件費は言わずと知れた最大の経費です。利益を出すために人件費を抑えてください、というアドバイスは顧問として数多く行ってこられたと思います。ではその対策はどうでしょうか。リストラをする、賃金カットをする、アルバイト化するといった短期的な対策以外に何か思いつくでしょうか。人件費は短期的ではなく長期的にマネジメントしていくことで、前述した短期的対策をしなくてもいいようにしていかなければなりません。労働人口の減少や解雇リスクを考慮すればなおさらです。だからマネジメントという視点が重要になってくるのです。予定したものを達成して維持できている状態をマネジメントが効いているといいます。人件費の計画を立てて、それが達成維持できていれば人件費を抑えてくださいという言葉を発する必要がなくなります。このように「人件費にはマネジメントが必要である」という考えに至りました。そして、この考えが税理士の方々に人事を扱って欲しいと思うきっかけになりました。また、社労士は顧問先の財務諸表を見る機会が少ないため、人件費という経費からのアプローチには慣れていません。そこで、全ての顧問の方々が一目で理解できる共通のものとして、『売上分配BOX』という図形を考えてみました。この図形を描くだけでコンサルティングやアドバイスがとてもやりやすくなります。右図をご覧ください。

　数字の羅列の損益計算書を四角いBOXのように表記し直すことで、会計の素人にも理解しやすい印象を持ってもらうことができます。数字を視覚的に捉えるという仕掛けです。このパズルを学んでいくうちに売上に対応する適正人員数とは何人だろうか、年間人件費予算は賞与を含めていくらが適正だろうか、許容範囲はどこまでだろうか、など自分の中で疑問が湧いてきました。販売費及び一般管理費の中で一番の経費である人件費は、会社経営の管理において一番の関心であり重要事項です。そこで数人の税理士の方にこの質問をしたところ、私が望む回答はありませんでした。そして「人事は社労士さんの範囲でしょう？」という、素朴ですが衝撃的な返答もいただきました。社会保険労務士は

PLをBOXに変換する

売上高　　　100,000（千円）
売上原価　　60,000（千円）
粗利高　　　40,000（千円）
人件費　　　15,000（千円）
管理費　　　20,000（千円）
営業利益　　5,000（千円）

売上高

売上
100,000

売上分配BOX

単位（千円）

売上原価（変動費）60,000	粗利高 40,000	固定費 35,000	人件費 15,000
			管理費 20,000
		利益 5,000	税金 2,000
			返済 2,000
			繰越金 1,000

11

労務の専門家ですが人事の専門家ではありません。労務と人事をひと括りに捉えている方もいらっしゃいますが、内容は全く異なります。労働力と人、概念が異なります。

　ここでお伝えすることは、人事を語るときはまずキャッシュフローありきということです。人事→キャッシュフローではなく、キャッシュフロー→人事です。すべてお金の予算から人事、つまり「適正範囲の人件費」を検討し管理しなければなりません。この適正範囲の人件費を管理・維持することを『人件費マネジメント』と、私は定義しました。そしてこれらに適任なのが顧問先の財政状態を理解している顧問税理士であると思うのです。ここでは人事計画は、人件費と人員数の計画が主になります。それでは、その計画の基礎となる『人件費分配率』（一般的には労働分配率と表現されますが、この労働分配率には付加価値から導き出す方法と限界利益から導き出す方法など、複数の算出方法があります。ですから、混同を避けるために『人件費分配率』と表現することにします）と、『従業員人員数』について説明していきましょう。

　まず、『人件費分配率』とは何か。共通言語（顧問先と共有する言葉の定義。詳しくは第3章で説明。）で表現すると「粗利における人件費の割合」となり、これを算式にすると、総人件費÷粗利×100となります。人件費分配率は業種にもよりますが50％を超えると経営は非常に厳しくなってきます。店舗展開する業種では40％以下にする必要があります。このように、顧問先のあるべき人件費分配率を決めておくと、人件費予算を立てられ、月次で売上が確定した段階であるべき人件費も算出でき、実績と比較することで対策等も考えることができます。こんなことは社会保険労務士である私が伝えることではありませんが、このような人件費管理を行っている会社に出会うことがほとんどない、これが実態のように感じます。

　人件費計画は前年比ではなく人件費分配率から決めて欲しいところです。人件費分配率は、事業計画を根拠とする予定人件費分配率（①）、そして顧問先の将来の目標とする計画から導き出す目標人件費分配率（②）、最後にこれ以

人件費をマネジメントする

　マネジメントとは、数値と状態の 2 つの目標を達成、維持すること。
　マネジメントをするには、数値化できるものが必要。

数値化するもの

第 1 の数値：支出額（単位：円）

人件費キャッシュフロー

第 2 の数値：人数（単位：人）

従業員人員数

キャッシュフロー　　➡　　人件費

人件費分配率から人件費を決める（キャッシュフロー）

人件費分配率の求め方

$$\frac{総人件費/月}{粗利高/月} \times 100$$

人件費は前年度比で求めるのではなく、予定を立てた人件費分配率
を基準に決めること。
人件費分配率を使うと、途中で修正するときに修正後の数値を簡単
に求めることができる。

上占めると NG になる限界人件費分配率（③）の３つを作成します。おすすめする方法を紹介します。①については過去の実績で経営者が合格と思える２〜３期分の PL の数字から導き出します。予定人件費分配率が決まれば今年度の売上予算と売上に連動して支出する変動費率が定まります。これにより予定人件費を算出できます。②については過去の実績というより、ミライ計画の中で理想とする人件費分配率を模索していくことになります。ここは顧問と経営者がビジョンを語りながら、目標を明確化する形で決めていくことになります。目標を明確にするためには、人件費分配率だけを考えるのではなく、最初に長期的ビジョンを実現するために確保しておきたい利益分配率（粗利高に対する営業利益の割合）を決めます。そして、不動産分配率（粗利高に対する店舗、事務所等の地代家賃の割合）、広告分配率（粗利高に対する広告宣伝費の割合）、管理分配率（粗利高に対する光熱費他管理に要する費用の割合）を決めていく過程で、人件費分配率を模索していきます。投資計画や出店計画など長期的ビジョンを実現するためには何％まで割り当てることができるのか、という視点から目標としての人件費分配率を定めます。これが決まれば目標人件費が算出できます。③については人件費以外を限界まで調整して削減したとして、営業利益が０を想定した人件費分配率を決めます。これを超えれば対策を講じても営業損失となってしまう率です。これが決まれば限界人件費が算出できます。

　このように、予定・目標・限界の３つの視点から『人件費のキャッシュフローをマネジメントする』ことが可能となります。

　次に、『従業員人員数』とは何か。「うちの会社の従業員は多すぎですか」という経営者からの質問を受けることが度々あります。経営者にとって従業員は最大の経費であり、資産でもあります。今後労働人口が減少する時代にとって適正な人員数という概念は重大な要因になります。マネジメントする従業員数のことを『従業員人員数』と定義します。従業員人員数は、『人件費分配率』と『人時生産性』と『所定労働時間数』から導き出します。まずは、人時生産性を説明します。

3つの人件費分配率

予定人件費分配率

経営的に安定していた過去の実績から、適した人件費の分配率を決める。これを予定として人件費のプランを練る。

目標人件費分配率

長期計画に基づき、顧問先が目標とすべき人件費から導き出す。
人件費は最も高い経費であるため、長期的視点からの人件費プランが重要である。

限界人件費分配率

これ以上人件費を支払うと利益を出せない限界時の人件費の分配率を決める。損益分岐点の人件費版と考える。

その他の分配率（粗利高に対する割合）

その他の分配率には次のような分配率がある。

不動産分配率　適正18%　家賃をはじめとする不動産に関する費用の割合

広告分配率　適正6%　広告宣伝に関する費用の割合

管理分配率　適正15%　水道高熱費や事務経費、その他の費用の割合

役員報酬は人件費ではなく、管理分配率に含めたほうが計画を立案しやすい。
特に、従業員人数が少ない顧問先では、役員報酬を人件費に含めると、正しい管理が難しくなる。

人時生産性とは、共通言語では「１時間当たりの粗利高」となります。算式は「粗利高÷総労働時間数」です。総労働時間数は、正社員はもちろん、パート、アルバイト、契約社員、嘱託社員、派遣社員など労働に携わった全ての者の労働時間数を合計したものです。顧問先では給与計算を毎月していますので労働時間数は把握されています。経営者が給与計算担当者に聞けば資料はすぐに揃うはずです。ただ、総合計を出さなければなりませんので、そこは少々な手間になるでしょう。しかし、年功序列が崩壊し、様々な働き方が存在する今日においては、従来の労働生産性（労働人数を基準）では正確な判断ができなくなってきました。そこで人数より詳細な単位である時間を用いて精度を上げた判断をするようになってきています。今後はこれが主流になっていくでしょう。

　人時生産性は、人件費分配率と異なり基本的に業種別で異なることはありません。生産性ですから全ての業種共通で考えることができます。人時生産性の予定を立てる場合は、5,000円を基準に考えましょう。4,000円を切ると給料が出せなくなる限界といっていいでしょう。3,000円台となれば通常でしたら給与は出せません。最低賃金が急騰しているので今後、限界ラインは高くなっていきます。人時生産性が目指す目標は6,000円です。これをクリアできれば経営状態は優良です。労働時間把握という少々面倒な作業は要りますが、共通的に活用できる便利な指標なので是非活用してみてください。

　従業員人員数を導き出すには、人時生産性の金額が肝となります。初めて人時生産性を定める場合は、基準になる『予定人時生産性』の金額は5,000円として検討していきましょう。そして、昨年が5,010円という金額であれば本年度は20円アップの生産性向上を計画して5,030円とする、といった決め方がいいと思います。ミライ計画の中で強靭な体質の構築を目指す『目標人時生産性』は、当面は6,000円とするといいでしょう。6,000円に達したのであれば更に上を設定していきましょう。『限界人時生産性』については前述したとおり4,000円の設定が限界だと思われます。

人時生産性という視点

人時生産性の求め方

$$\frac{粗利高/月}{総労働時間数/月}$$

※総労働時間数にはパート、アルバイト、派遣社員、
　受け入れ出向者の労働時間数も含める

人時生産性の目標金額

予定金額：5,000円

まずは5,000円を一つの基準にすること。その後「次年度は20円UP
の5,020円を基準にします」としながら6,000円を目指します。

目標金額：6,000円

6,000円に到達したら、さらに上を設定していくための施策を講じて
いきます。

限界金額：4,000円

4,000円になればローコストオペレーション（正社員比率を低くする
など）の対策が急務になってきます。作業から動作のオペレーショ
ンの改善が必要です。

人件費マネジメントを考える場合、重要となるのが『生産性』とい
う概念である。
『生産性』は『分配率』と異なり、業種で大きく変わることはない。
したがって、異業種との比較も可能となる。

従業員人員数を説明する上でもう一つ、所定労働時間数があります。ここは社会保険労務士の範囲ですが、簡単です。基本を把握してみましょう。

　所定労働時間とは、法定労働時間の範囲内で会社が決めた時間をいいます。法定労働時間とは労働基準法で定められている労働時間の限度であり、1日8時間、週40時間です。その範囲内で会社が定めた時間が、所定労働時間です。では1ヵ月間に何時間まで労働させることができるか計算します。1ヵ月を30日、所定労働時間は法定労働時間限度いっぱいの週40時間として計算してみましょう。1週間は7日間ですから30日÷7日の算式で、1ヵ月間が「何週間か」ということが算出できます。これに40時間を乗じますと30日間で労働させることができる総労働時間数が出ます。計算してみてください。171.428……時間となりますが、ここではわかりやすいように170時間としておきます。この所定労働時間数は顧問先ごとに異なりますので顧問先で確認するようにしてください。もし、わからなければ170時間を使用するといいでしょう。

　マネジメントをする『従業員人員数』にも①予定従業員人員数、②目標従業員人員数、③限界従業員人員数の3つの指標があります。①は、予定人時生産性を用いて算出します。②・③もそれぞれの人時生産性を用いて算出します。この3つの従業員人員数が明確になると、人事の経営判断に役立ちます。何人まで雇用できるのか、何人が適正なのかなど、エイヤーで決めていた経営者にとって非常に有益なものになるはずです。それでは具体的に考えてみましょう。

　『人時生産性』『所定労働時間数』の2つの前提と、『従業員人員数』の3つの指数がそろいました。人時生産性の金額を5,000円とした場合で考察してみます。粗利高÷総労働時間数＝5,000円（人時生産性）ですから、この算式は粗利高÷5,000円＝総労働時間数と変換できます。算出された総労働時間数÷所定労働時間数＝従業員人員数となります（31頁・図参照）。

３つの従業員人員数

予定従業員人員数

予定人時生産性から導き出す。採用するときの最初の判断基準となる。

目標従業員人員数

目標人時生産性から導き出す。長期計画の立案時に必要となる。

限界従業員人員数

これ以上人件費を支払うと利益を出せないという限界時の人員数。
損益分岐点の人件費版と考える。

所定労働時間数とは、顧問先の１か月間労働させると決めた
労働時間数のこと

おおよそ170時間

顧問先の就業規則で確認してください。

法定労働時間数とは、労働基準法で定められた労働させること
ができる労働時間数のこと。
・１日に８時間まで
・１週間に40時間まで

豆知識

従業員人員数から顧問先にアドバイスできると、そのアドバイスの
質が上がる。
そして、このアドバイスは、多くの顧問ができていないアプローチ
なので、顧問先からの評価が高くなる（希少性価値）。

コンサルティングで重要なことは、顧問税理士として年度計画で今年度の人時生産性を定めることです。今期は予定人時生産性を5,000円と決めたとします。そうすれば例えば粗利が5,000万円で従業員数が60人であれば2人限界従業員数をオーバーしていることになります。この時点で採用を予定するのであれば基本的にはNGですがこの事実を把握して採用する、この思考が大切です。予定・目標・限界の3つの従業員人員数の指数があれば、採用計画が自動的に出来上がります。人件費は最大の経費です。これからは、人件費をマネジメントする視点から顧問税理士が採用計画のアドバイスをしていただければと思います。

　人件費分配率と従業員人員数の2つの指標がありますが、優先するのは人件費分配率です。限界従業員人員数を超えていたとしても人件費分配率が限界ではなければギリギリセーフです。アルバイト比率を上げるなどの対策を講じることができます。しかし、従業員人員数が適正でも人件費分配率が限界であれば1人当たりの人件費が高すぎることになります。対策としては賃金そのものの見直しとなります。これは簡単にはいきません。不利益変更の問題やモチベーションにも影響が出ます。この傾向があれば昇給システムなど抜本的な見直しが急務になります。

人件費分配率を優先する

人件費分配率　　従業員人員数
（人時生産性）

重要ポイント

1　顧問先の人時生産性の予定（単年度）を立てること

2　顧問先の人時生産性の長期的な目標（6,000円目安）を設定し、経営者と意識を共有すること

3　これを基準に顧問先の採用のアドバイスをすること

4　採用が限界に達しそうになったときは、顧問先に常にその事を意識させるように忠告を続けること

この本では労働時間について触れていないが、厳密に判断するのであれば、仕事（職務）に必要な労働時間数を用いて展開していく。
しかし、経営者には『労働時間数』で話をするより、『人数』を使って話をする方がピンとくるので、あえて、『従業員人員数』を用いて展開していただきたい。

人件費マネジメント　その1

着眼点：人件費予算を達成・維持するという視点

顧問先
データ

業種：サービス業

従業員数：正社員　15人

人事評価制度：なし

経営者：45歳の創業社長

　ある顧問先の社長とこんな話になった。

社長「AIがヒトの仕事を奪うと言われておりますが、先生のいらっしゃる社
　　　労士業界は人事労務の専門家ですから、あまり影響はなさそうですね」

　AIの影響で労働人口が半分になるなどといった記事をよく目にするように
なった。またキャッシュレス化が進むと、お金に携わる仕事のほとんどがAI
にとられてしまうとも言われている。

顧問「そうですね。人事の仕事はAIにはまだ難しいでしょうが、労務の仕事
　　　はAIに奪われるかもしれませんね」

社長「人事と労務の仕事はそんなにも違うものなんですか？」

　『人事・労務』は一見同じように思えるが全く異なるものだ。ここを明確に
区別して仕事に取り組んでいる社労士も少ないので、経営者が曖昧に感じるの
も無理はない。

顧問「社長、会社にとってヒトは大事ですよね？」

社長「もちろんです！　企業はヒト成りです。会社が良くなるも悪くなるもヒ
　　　ト次第。だから、我が社もヒトに関しては力を入れてきたんです！」

　この会社は中小企業でありながら、早くからヒトに関して経費と時間を掛け
て、しっかりと取り組んできた。まさに企業はヒト成りを実践している企業で

あった。人事と労務を明確にするため、このような質問をしてみた。

顧問「それでは一つ質問します。労務○○という熟語を考えてみてください。
　　　どうですか？　どういう熟語が浮かびますか？」

社長「まずは労務管理」

顧問「はい、その通りですね。他には？」

社長「あとは……、思いつきませんねぇ」

顧問「分かりました。では人事○○はどうでしょうか？」

社長「人事異動、人事配置、人事制度、人事評価、人事考課……。人事はたく
　　　さんありますね。あとは人事計画、人事戦略とか……」

顧問「ありがとうございます。このことから分かるように、労務は管理や手続
　　　きが中心になります。これは一言で言うと、過去の事実に基づく処理と
　　　言えます」

社長「労務は過去の処理ですか、確かにそうですね。入社したから役所に手続
　　　きという処理をする、働かせたからタイムカードで時間管理という処理
　　　をする。なるほど」

　労務に関してはしっくりいった感じであった。

社長「ということは、人事は未来の対応ってことですか！」

　発想力豊かなこの社長にはピンときたようであった。

顧問「社長、その通りです。社長がお困りになっていることは労務と人事どち
　　　らですか？」

社長「そう言われると労務ではなくて人事ですね。人事は問題山積ですよ。や
　　　はり会社の将来のことが悩みの種。まあ、不安といった表現の方がしっ
　　　くりきますね」

顧問「そうですよね。会社の将来、言い換えると会社づくりに関してはこれと
　　　いった正解というものはありません。世のすべての経営者はこの問題を
　　　模索し続けているというのが現実でしょう。そこで、私は人事の会計数
　　　値である人件費に注目して『人件費マネジメント』というものを推奨し

ています」

社長「初めて聞く言葉ですが、人件費をマネジメントするということですかぁ」

　人件費とマネジメントの組み合わせがしっくりこないようである。マネジメントというよりコントロールの方が一般的であろう。しかし、ここはマネジメントとしておく必要があった。

顧問「マネジメントとは予定を立てて、実態が予定に合っているか継続して確認し、予定した数値を維持していくことと考えてください。人件費の第1の予定とは人件費予算のことです」

　人事評価制度を構築しても、いざ運用を開始するときに二の足を踏む経営者が多い。人事制度は従業員の賃金、賞与、退職金などを加算していく手法で構築していくのが一般的である。足し算方式は人件費が膨らみ続けるイメージが経営者の思考をストップさせてしまう。そこで人件費が予算オーバーにならないように継続して予算管理をしていくことが人件費マネジメントの基本的考え方である。

顧問「人件費を考えるときに、個別に前年支給額を中心に検討していませんか？　そしてそれらを積み上げて、全体の人件費としている……」

社長「そうですね。やはり個人の生活のことを考えますと、前年対比の積み上げという考え方になりますよ。だめなんですか？」

顧問「だめではありませんが、個別ではなく、まずは全体の年間人件費予算というものを明確にします。そこから個別の月給を決めていく方式、つまり足し算ではなく、全体から引き算しながら決めていく方法です」

社長「なるほど！　そうすれば人件費が膨らみ続けるという呪縛から解放されますね。しかし、まだちょっとイメージがぼんやりしますねえ」

顧問「そうですか、それではお金の売上分配BOXという図形から考えてみましょう（11頁・図参照）。まず縦長の長方形のBOXを書いて縦線を引きます。そうすると2つのBOXに分かれます。その左側のBOXを変動費、右側のBOXを粗利とします。そして、粗利のBOXをさらに小

　　さな 3 つの BOX に分けます。上から人件費 BOX、管理費 BOX、利益
　　BOX となります。決算書を見るより、このような図形で考える方が理
　　解しやすいですよ」

社長「小説を漫画にするような感じですね」

顧問「いい表現です！　さすがですね。この図の人件費の面積の枠内で賃金、
　　賞与などを収めるということです。つまり、売上計画を作るときに、こ
　　のパズルを利用して年間の人件費、その他の経費まで大枠を作成してお
　　くというもので、全体の年間人件費が出れば、従業員数との分析もでき
　　ますよ。まずはお金の計画ありき、これが人件費マネジメントの考え方
　　です」

社長「分かりました。当社でもその人件費マネジメントを取り入れて検討して
　　みましょう！」

┌─ ひとこと ─────────────────────
│　　一番の経費である人件費を計画的に考える視点が必要です。また、人件
│　費計画は単年度ではなく長期的に考えるようにしましょう。
└──────────────────────────────

頭に浮かんだ顧問先を書き留めておきましょう

自分のワードとして使えそうなところを書き留めておきましょう

分かりにくかったところを書き留めておきましょう

人事コンサルの現場から　ケース 2

人件費をマネジメント　その 2

着眼点：人事を人件費という会計の視点から見ること！

顧問先データ	業種：小売業、5 店舗運営
	従業員数：正社員　15 人、アルバイト　25 人
	人事評価制度：なし
	経営者：45 歳の 2 代目社長

　顧問先の社長からの相談であった。

社長「先日、顧問税理士から人件費のことについて指導があったんですけど……」

　話を聞くと、業績が低下しているので利益確保のため人件費を何とかしなければならないと指導があったとのこと。将来的に労働人口が減少していくことを踏まえて、どのようにしたらいいのか混乱している状況はその表情から汲み取ることができた。

顧問「一言に人の問題といいましても、労働力の問題と人件費の問題の 2 つの視点から検討しなければなりませんから難しいところですね」

社長「その通りです。人件費をどうしろといわれましても、残業カットか、アルバイト化か、リストラかのどれかしかないでしょう」

　顧問税理士に相談してもこの 3 つの対策以外のアドバイスはなかったという。

顧問「そうでしょうか。人件費をマネジメントするという発想で考えてみましょうか。社長、マネジメントの定義を知っていますか？」

　人事のコンサルティングをする場合は、言語を共通化しておくととても進めやすくなる。ほとんど知られていないがこれだけでも十分な改善ができること

27

を分かっていただきたいところだ。

社長「マネジメントっていわれましても……」

　どうやら明確に定義できていないようであった。

顧問「それではマネジメントから明確にしておきましょう。マネジメントとは、数値と状態の２つの目標を達成し、維持することです。目標を達成している状態が継続しているイメージを持ってください」

社長「なるほど、では人件費の数値目標が必要になりますね。それから人件費の状態の目標ってどう考えればいいでしょうか？」

顧問「では数値目標から考えてみましょう。人件費の数値目標は２つあります。分かりますか？」

社長「２つですか？　お金の金額ともう一つ……」

　人件費という視点から数値といえば金額しか思いつかない、これが通常の思考である。しかし、少し発想を転換して、もう一つ大事な数字に気づいて欲しいところだ。

顧問「人件費は平均の賃金×従業員数という算式になります」

社長「そうか！　もう一つの数値とは従業員数ですね」

顧問「そうです。人件費の数値は従業員数と支払額で構成されていると考えましょう。では数値目標は支給額と人数になります。この数値について計画を立てていますか？」

　年度初めに人件費予算と予定従業員数を目標数値として明確にしておく必要があるが、きちんとした根拠に従ってこれらを定めている中小企業はほとんどないと言ってよい。根拠になるものを持っていないからである。

顧問「では、簡単な支払額から考えてみましょう。粗利高という概念はご存知ですよね」

社長「売上から仕入を引いた額ですよね」

顧問「そうです。この粗利高から経費を支払うのです。業界関係なく売上から経費を支払う感覚をお持ちの方が多いのですが、仕入という原価は他人

のものですからそれを差し引いた粗利高が会社のお金と認識しておかなければなりません。ですから最初に粗利高の何％を人件費として使っていいかを決めておく必要があるのです」

　店舗経営をしている場合には、粗利高に関しては店舗の差があることは十分理解できるが、会社として全体のあるべき指数は持っておかなければならない。

社長「全体的に考えますと40％には抑えたいことろです。それを決めると支払金額の予定はできますね。それでは従業員数はどう考えればいいでしょうか？」

　実は適正人員数の算出の仕方には正解がない。私は生産性から人数を割り出す方法を推奨している。生産性が高い会社の財務体質は強固なものになるからである。

顧問「粗利高を全員の労働時間数の合計で割ると１時間当たりの粗利高が出ます。この金額を目標として定めましょう」

社長「先生、いくらが妥当でしょうか？」

顧問「実際の数字で判断しますが、そうですね、まずは5,000円をクリアしているか（これを今回の目標にする）、そして6,000円になればOKと一般的に言われています」

　この金額が明確になれば後は計算するだけである。私の説明を算式にすると粗利高÷（１人当たりの労働時間数×従業員数）となり、これが5,000円になれば予定どおりで6,000円になれば目標達成となる。

顧問「計算式を分解すれば粗利高を１人当たりの労働時間数で除し、更に5,000円で除すればあるべき従業員数が出ます」

　１人当たりの労働時間数とは労働法では所定労働時間数という。つまり粗利高を所定労働時間数に5,000円を乗じた数字で割り算をすれば、あるべき従業員数が算出されるということになる。

顧問「これであるべき支給金額と適正な従業員数が出ました。これが数値目標です。次は状態ですね。では人件費における状態とは何か。状態は良い

か悪いか判断は難しいものです。なので、部署などのチームのモチベーションをその判断基準とします。同じ給与を支払うにしてもモチベーションが高い人に給与を支払う方がより人件費の質がよくなります。私はこの人件費のことを人件費クオリティと呼んでいます。モチベーションは調査してみないと判断できませんが、会社の平均値、他社の平均値などから判断して人件費クオリティを高めていきたいですね。このように人件費キャッシュフロー、従業員人員数、人件費クオリティの３つの指数を明確にし、毎月計画した予定とずれていないか、ずれているのであれば修正するための施策を検討し実践する。こういった一見地味な作業がマネジメントそのものです」

社長「分かりました、まずはなんとなく支払っている人件費を毎月マネジメントできる体制を整えます。そして、顧問税理士に報告いたします」

ひとこと

働き方改革は労働時間に注目が集まりますが、労働時間が生じると人件費が発生します。時間のマネジメントに加え、人件費のマネジメントが必要になります。

> 従業員人員数を求める

> １時間当たりの粗利高の5,000円（予定人時生産性）を、当期の予定とし予定従業員人員数を求める場合

$$\frac{粗利高（月当たり）}{1人当たりの月間労働時間数×予定従業員人員数} ＝5,000円$$

$$\frac{粗利高（月当たり）}{1人当たりの月間労働時間数×5,000円} ＝予定従業員人員数$$

> １時間当たりの粗利高を6,000円（目標人時生産性）にすると、目標とする従業員人員数が算出される

$$\frac{粗利高（月当たり）}{1人当たりの月間労働時間数×6,000円} ＝目標従業員人員数$$

頭に浮かんだ顧問先を書き留めておきましょう

自分のワードとして使えそうなところを書き留めておきましょう

分かりにくかったところを書き留めておきましょう

人件費分配率と従業員人員数

※従業員人員数は、人時生産性から導き出す手法（18頁記載）
と、単純に人件費を平均給与で割り出す方法があります。
このケースでは、後者の方法を紹介します。参考程度に読
んでください。

顧問先 データ	業種：飲食業、5 店舗運営
	従業員数：正社員　15人、アルバイト　25人
	人事評価制度：なし
	経営者：58歳の創業社長

　ここのところ求人に悩まされている顧問先での話である。

顧問「社長、最近の採用状況はいかがですか？」

社長「厳しさは相変わらずですね。そして現場は欠員が出るとすぐに、採用の
　　　稟議を上げてきます」

顧問「求人の稟議に対しての判断は社長がされるんですか？」

社長「アルバイトの求人は店長に任せていますが、正社員は私の判断です。そ
　　　れが何か……？」

　少し怪訝な表情を浮かべながら、社長は改めて私の顔に視線を置き直した。

顧問「社長、貴社における求人稟議の判断基準はどのようになっていますか？」

社長「判断基準ですかー、それはぁ……」

　想定通りの反応ではあるが、社長は明確な判断基準を持っていないようだ。

顧問「店舗ごとに適正な人員数があり、それを下回るときに稟議があがれば求
　　　人は OK。それを上回っての求人は NG。そんな適正な人員数が明確に
　　　あれば、稟議の判断基準になりますよね」

　私の知る限り、多くの法人では店舗ごとの適正な人員数が明確化されていな
いように思える。1 人辞めたから 1 人を求人というスタイルが慣習化されてい

るようだ。

社長「適正な人員数、それって店舗の形状や什器の配置を元にして決めるん
　　　じゃないんですか？」

顧問「では社長、店舗の形状や什器の配置で人員数を決めて、その結果、店舗
　　　の利益が出ない場合はどうしますか。店舗の支出のツートップは仕入原
　　　価と人件費ですよね。もし利益が出ないなら、仕入原価を抑えたり人件
　　　費を抑えて店舗運営をやるべきでは……。違いますか？」

社長「はぁ〜、経営的にはそれは正論です。でも、人員不足と言ってくる店舗
　　　に対して、合理的に説得する材料がないだけに……」

顧問「万能とはいいませんが、人件費分配率を判断基準にしてみてはどうで
　　　しょうか」

　製造業やサービス業などでも効果があるが、店舗運営の場合は人件費分配率
での管理は更に有効である。

顧問「人件費分配率とは粗利における人件費の割合をいいます。人件費とはパ
　　　パート、アルバイトなど含めて賃金として従業員に実際に支払った総支
　　　出額のことです。この割合（分配率）を全ての店舗で決めておくんです」

社長「人件費のあるべき姿をあらかじめ定めておくということですか？」

顧問「その通り！　そのあるべき姿を判断基準として活用するんです」

社長「先生、理屈は分かりますが、実際にはどうやればいいんですか……？」

顧問「過去の店舗実績から、利益がきちんと出ている月の数字を用意します。
　　　当面は、その月の人件費の合計金額を粗利高の金額で割った数字をその
　　　店舗の人件費分配率と決めます。これが決まれば、適正範囲の従業員数
　　　（従業員人員数）も算出できますよね」

社長「月間の粗利高×人件費分配率、この掛け算で店舗で使える人件費が出る。
　　　この金額をその店舗の従業員の平均的な賃金額で割れば従業員人員数が
　　　出る……という考え方ですかぁ〜。なるほど！」

　数字に強い社長はひらめいた様子である。今の時代は何人必要なのかではな

く、何人で廻さなくてはいけないのかという思考が求められる。視点を変えると、一人当たりの生産性を上げることが求められているともいえる。

社長「稟議が上がってきたら 3 カ月程度の平均月間粗利にその店舗で定めた人件費分配率をかけて、平均の賃金額で割ってみる。その数（人数）と現人数を比べて少ないようなら求人の稟議書を通せばいい、こういうことですね？」

大津「その通り！　さすが社長、飲み込みが早いですねー」

　一度はすっきりした表情であった社長の表情が一瞬くもった。

顧問「ん？　社長、どうかしましたか……？」

社長「もし予定している従業員人員数を超えて、どうしても人員が必要だとなった場合はどうしますか？」

顧問「その際は、理論的には人件費が低いアルバイトでの採用を検討することになりますね」

　平均の賃金が高い正社員より平均の賃金が低いアルバイトの方で人員数を多くすることは計算上可能である。

社長「これって算出した予定している従業員人員数を元に、店舗における正社員とアルバイトの最適な構成比を経営的に数値で示すことも不可能ではない、ということですね！」

顧問「そうです！　具体的な数字を決めて、いろいろシミュレーションしてみてください。」

ひとこと

　「なんとなく」から明確なマネジメントが求められる時代になってきました。まずは全体の人件費予算を決めて、その上で従業員の人員数を定めてみましょう。

頭に浮かんだ顧問先を書き留めておきましょう

自分のワードとして使えそうなところを書き留めておきましょう

分かりにくかったところを書き留めておきましょう

第 3 章

人事コンサルティングの武器

1 共通言語

　コンサルティングには、武器が必要です。

　知識と経験だけではなかなか良いコンサルティングは難しいものです。人事コンサルティングにおいても、それを行うために有効な武器を用意する必要があります。武器とはPCやソフトなどは真っ先に頭に浮かぶと思いますが、一番の武器は「言語」です。それも「共通の言語」です。

　仕事は指示命令と報告によって完結します。この指示や報告には言語を使って行うことになります。この言語を整えるだけでも質の高いコンサルティングを行うことが可能です。

　ある顧問先の社長から「我が社は管理ができていないんですよ。社内インフラを充実すべきなんでしょうか」と質問されたことがあります。この社長に私はこう質問しました。「社長が考える管理の定義は何ですか？」すると社長は、言葉を失ってしまったのです。次にこの会社の幹部を集めました。いわゆる管理職といわれる方たちです。その人たちにも同じ質問をしてみました。「皆さんが考える管理とはどうすることですか？」明確な回答が誰一人出ませんでした。つまり、管理の意味がわからない社長が管理の意味がわからない幹部へ管理をしろと指示を出している、ということになります。これでは数百万円の社内インフラを整えたとしても管理はできません。管理とはどうすることか、このことが決まってないのですから。思い当たることがありませんか。

　こういう場合、私は顧問先に対して管理の定義を決めることから始めます。この時に留意する点は２つあります。一つは、端的に表現すること、具体的には20文字程度で作成すること。そしてもう一つは、行動に移せる表現にすること。行動を明確にした表現でないと行動に移しません。当たり前のことですが、これができていないケースがほとんどです。「ちゃんとしろ」とか「きちんとしてください」など、曖昧な指示で行動に移せるでしょうか。上司が考える「きちんと」と部下が考える「きちんと」は絶対に異なります。自分解釈の「きち

誰でも同じようにできるという視点

　行動に移せない表現での指示命令

例）がんばれ・気合いを入れて・心を込めて・ちゃんと・きちんと・もっと　　他

部下　指示命令を受けても行動に移せない

基礎的武器を装着しよう！

　行動に移せる表現での指示命令

部下　指示命令を受けたら行動に移せる

できるだけ数字で表現すること。
そして、表現は簡潔にまとめること。
さらに、確認・検証できる内容にすること。

んと」で、あるいは「きちんと」することがわからないのに、とりあえず「はい」と返事をする部下、こういうことは日常茶飯事で目にする光景です。

　私は、「管理」というものを「予定と実態を合わせること」と定義しています。そうすると、管理ができていないとは、予定に実態を合せるやり方がまずいのか、あるいは予定そのものがないのか、この２つに絞られます。多くの場合、予定がないケースがほとんどです。

　このように、共通言語の定義からコンサルティングが可能になります。「管理」をテーマとしたコンサルティングは、次のように進めていきます。管理ができていないと社長が考える部分を抽出し、そこの細かな「予定」というものを作り上げていきます。士業の方であれば、この作業はお手の物でしょう。予定ができたら実行できているか確認をするルールを作ります。できていないところは、できるように指導を繰り返していきます。もうお分かりですよね、管理とは、Plan・Do・Check・Action（PDCA）の連続なのです。また、マネジメントという言語も頻出ワードですが、行動に移せる表現で20文字以内で説明することができますか？　なぜ20文字なのか。それは、その会社の経営者含め従業員全員が理解して覚えられる限界の文字数だからです。どうでしょう？表現できますか。

　会社の中で「努力する」ということもよく耳にします。これは報告の時よく社内で使用しますね。これを定義してみましょう。「効率を上げる」この言葉もよく使います。20文字で行動に移せる表現にしてみましょう。このように、共通言語を定義づけるだけでも職場での指示報告の精度、あるいはミスやトラブルを減少させる、業務効率の向上といったことが期待できます。この共通言語の定義づけについては、第13章『共通言語でコンサルティング』にまとめていますのでご活用ください。

　イメージを持ちやすいよう共通言語を利用したコンサルティング例を紹介しておきます。

共通言語の作り方

会社の中にずっといると、できていないところが見えにくくなります。顧問の客観的視点が活きてきます。

1　行動が曖昧なことを抽出

2　その中から、影響が大きいものを選択

3　それを共通言語化する

4　変換文字数を確認（20字程度）

5　告知計画を立てる（月3つまで）

6　従業員に告知（教育）

7　把握できているか確認（考査）

8　把握できていなければ再教育

もっとも影響力が高い言語から作ること。
顧問先の従業員が覚えられる範囲で作ること（作りすぎない）。

顧問先の会社には複数の従業員が働いています。そして彼らに指示命令を行い、彼らが実行します。従業員の中には指示を出す側の人もいます。仕事は指示命令と実行、そして報告で完了します。この指示命令と報告に使用するものは言語です。しかし、この言語の定義が統一されていない会社がほとんどです。統一されていないので、指示を出す側の思いと指示を受ける側の思いがずれていれば期待できる結果とはなりません。例えば、「仕事の能率を上げろ」と指示したとします。受ける側は決まって「はい、分かりました」と返事をします。数日後能率が上がったか検証したとします。どうでしょうか、そもそも検証できるでしょうか。検証は、指示前の状態と指示後の状態を比較しなければなりません。何を比較するのでしょうか。決まっていません。つまり検証不能ということです。そこで「能率を上げるとはムリ・ムダ・ムラをなくすこと」と定義を決めて、全従業員の頭の中にその定義が入っていた（記憶していた）としましょう。そうすれば指示を受けた人はムリな作業はないか、ムダな作業はないか、動作にムラがないかなど自分の職場を調査することになります。

　具体的には、指示を出す人は部下の人数分のメモ用紙を配布して「この用紙に、皆さんが日頃ムリと感じること、ムダと感じること、この仕事はムラがあるなと感じることを、重要だと思う順番に３つ記載して提出してください」と指示を出します。記入後の用紙を回収し、その中から現場のムリ・ムダ・ムラを発見することができます。次に、この発見したムリ・ムダ・ムラをなくしたとき、売上が下がらないか経費が膨れないかという予想をします。影響なしと予想が立てば、１ヵ月程度の期間を設けてムリ・ムダ・ムラに該当した作業や動作をやめて業務を遂行させます。期間終了後、どんな影響があったかを検証し問題がなければその作業や動作をやめる指示を出します。作業や動作には全て労働時間が生じます。これを少なくするということは、労働時間が削減され結果として能率が上がったということになります。

　いかがでしょうか、イメージできましたでしょうか。

能率向上シートの活用

能率向上シート

あなたの職場でムリと思うことを 3 つ書いてください。

　　1.
　　2.
　　3.

あなたの職場でムダと思うことを 3 つ書いてください。

　　1.
　　2.
　　3.

あなたの職場でムラがあると思うことを 3 つ書いてください。

　　1.
　　2.
　　3.

集計して、『やめること』を決める
会議の資料へ

やめることを決める

やめた後を検証

問題なければやめる

2 数値化

　人事コンサルティングの武器について、もう一つお話しましょう。数値化しなければ管理することはできません。人事においても同じことです。しかし、人の状態を数値化することは、とても難しいことです。経営者もそこに困っているということは、言うまでもありません。状態を数値化するには、システムが必要です。ここでいうシステムとは、コンピュータ等のレベルではなくて、「何かをインプットすれば変換するしくみ」のことです。この状態を数値化する仕組みの代表的なものが人事考課です（人事評価ではありません。人事評価とは制度のことで数値化変換のシステムではないのです）。それとシステムではありませんが従業員の資質、私はこれを資産価値と考えていますがこの資質はまさに状態そのものです。例えばあなたが1人の従業員を雇用しているとします。この人の性格や考え方、強みや弱みなど人間であれば誰もが持っているこのような資質を数値化できれば、人事コンサルティングの幅が飛躍的に広がります。さらに従業員は1人だけはありません。数人を雇用した時点でチームができます。このチーム全体の状態も数値化できれば、人員の配置や異動など効果的に行うことが可能になります。この配置や異動を経営者の勘やエイヤーで漠然と決める、これがほとんどの会社でやっていることではないでしょうか。

　数値化の武器を手に入れるには、共通言語を運用するよりノウハウと時間、あるいはお金もかかることもあるでしょう。しかし、ここの部分は経営者が特に苦手としており、かつ、経営力に直結するところでもあるので、万全な人事コンサルティングを目指すときには避けては通れない壁になるでしょう。ただ、独学で習得するとかなりのロスが出ますから、実際にコンサルティングの実績がある方の手法やノウハウを学ぶのが一番経済的かつ効率的です。自分にあったコンサルティングの手法を伝授してくれる機関、専門家を探すことも必要となってくるでしょう。

共通言語を使った指示の出し方

**人事コンサル
の現場から
ケース 4**

着眼点：日常茶飯事に使う言葉を、問題意識を持って聞くこと！

顧問先
データ

業種：製造業
従業員数：正社員　80人、パート　20人
人事評価制度：あり

　先日、顧問先へ定期訪問をした際、工場長である部長の口からこんな愚痴が
こぼれてきた。

部長「先生、うちの社員の理解力と行動力のなさには、ほとほと困っています
　　　よ」

　この会社はここ数年、業界の環境変化に対応すべく、統括部長を中心に社内
体制の再構築や整備を急ピッチで進めていた。

顧問「私が接する限りでは、そんなことはないと思いますけど……」

　他の会社の従業員と比較して、決して能力レベルが落ちているとは思えな
かった。

部長「新人も入ったことだし、先日の会議で職場の改善と人材育成を最優先で
　　　やるように課長と係長に指示を出したんですがね。その場の返事は『分
　　　かりました！』ってやつです。でもその後、何のアクションも見えない。
　　　何も変わらない！」

　統括部長はちょっと苛立ち気味の表情で、語気を荒げて話し出した。

部長「やっぱり、うちの社員は頭がワル……」

顧問「ちょっと待って下さい。その会議で部長は職場の『改善と人材育成』』
　　　という言葉だけを口にされたわけですか？」

45

部長「そうです。何も難しい指示じゃないでしょ、先生。誰でもフツーに理解
　　　できることです」
　　統括部長の返答を聞いて、少々意地悪とは思ったが、質問を投げかけてみる
ことにした。
顧問「部長に質問しますが、『改善』とはどんなことを言うのですか？　また、
　　　類似した用語で、『改革』という言葉がありますが、この２つはどう違
　　　うとお考えですか？」
部長「まぁ〜、改善は悪いところを良くすることで、改革は何かを改めること
　　　……何というか似て非なるもので、違いを言葉でうまく表現できません
　　　けど……」
顧問「今回のことの根っこは、そんな言葉の曖昧さにあるんじゃないですか？」
　　業務上で使う社内用語（言葉）の定義づけや統一認識が明確になっていない
企業はけっこう多いのだ。
部長「まぁ〜、同じ言葉でも人それぞれで解釈が微妙に違うし、世代や価値観
　　　の違いで会話が噛み合わないって経験はありますけど……」
顧問「ならば私なりの定義を。『改善』とは、職場の問題を日常の行動や習慣
　　　を変えることで解決していくことです」
　　例えばルーティン業務の効率改善なら、職場の人たちに担当業務の中のムダ
と思われる行動や悪しき習慣を一人３つ程度、紙に書き出してもらう。それを
分類・列挙して一つずつ見直す。結果、一つでもムダな行動が排除できれば、
業務効率が良くなったという評価を下せる。これは始業後作業や終業前作業な
どの定型的な作業の見直しに適するのだ。
顧問「また、『改善』は現場で行う短期的対策行為で費用は伴わないもの、と
　　　いうのが私の捉え方です。ですから、現場のアルバイトさんから主任ク
　　　ラスの方々でも取り組めるレベルの内容と思ってもらって結構です」
部長「なるほど、そんな風に具体的に言われると私も納得しますし、分かりや
　　　すいです！」

　部長の頭がわずかに数回動いた。無意識にうなずいている様子が見てとれた。

顧問「ついでに、『改革』の定義も。改革とは、職場の問題を仕組みや体制を
　　　変えることで解決していくことです。だから、中期的対策行為で費用が
　　　生じることもある。どちらかといえば、店長以上の管理職者の方が取り
　　　組まれるレベルの内容になることが多い」

部長「なるほど……。もっと細かく意味を理解させて、行動に移しやすい指示
　　　の出し方にすべきでしたかねぇ」

顧問「せっかくなので人材育成の話も。私の定義を簡潔に言えば、部下の不足
　　　している部分を発見して、教育と訓練を追加することで職務レベルを
　　　アップさせること、です。まずは紙とペンを用意して部下を観察し、そ
　　　れぞれの弱点、つまりできていない部分を紙に書き出します。次に、列
　　　挙された内容を分類し優先順位をつけて、再教育訓練の予定を立てて実
　　　施します。そしてフォローです。再訓練後の上達具合をチェックします。
　　　これを定期的に繰り返すことで人は成長します」

部長「人材育成なら、まずは発見！　そして段取りですね。会社として四半期
　　　単位ぐらいで枠組みを作る必要がありますね」

顧問「そこです部長！　計画ができれば進捗状況を確認する。うまく進んでい
　　　なければ、そこをチェックしてアドバイスする。それだけでいいんです。
　　　これは広い意味での人事管理でもあります。再教育訓練が必要な部分を
　　　発見することを考査といい、考査で発見した不足しているスキルに教育
　　　訓練を追加して職務能力を向上させることが人材育成。そして、この結
　　　果を賃金等に反映させる仕組みが人事評価です。ですから、考査と人材
　　　育成を連動させることが重要なんです」

部長「行動に移せる指示の出し方。分かっているつもりだったけどなぁ。先生、
　　　改めて目からウロコってやつです」。

　最後に、わざと質問をしてみた。

顧問「ところで部長のところの店長さんや主任さんたちは、頭がワル……？」

部長「ハハハ……いやぁ〜、うちの社員はしっかりしてますよ！　私の方がマズかった……。そして職場での用語の定義や行動ルールをしっかりと決めていない会社に問題があるということですね」

┌─ ひとこと ────────────────────
　会社で使う社内用語は定義を共通言語化し、指示を受ける者が行動に移せる具体的な表現にして社内共有しましょう。特に新人社員に対しては、行動に移せない表現では行動できないと考えるべきです。
└────────────────────────────

頭に浮かんだ顧問先を書き留めておきましょう

自分のワードとして使えそうなところを書き留めておきましょう

分かりにくかったところを書き留めておきましょう

共通言語から残業時間をコンサルティング

着眼点：行動様式の言語という意識を持つこと！

顧問先
データ

業種：小売業　9店舗

従業員数：正社員　80人、パート　20人

人事評価制度：あり

　　先日、店舗運営をしている顧問先へ定期訪問したときの話である。

社長「先生、この前、教えてもらった残業についてなんですが」

顧問「重要性はお分かりいただけたかと思うのですが、お願いしていた実態調
　　　査の進捗状況はいかがですか？」

社長「はい。社内制度の整備のために事前調査としてやってみました。いやぁ、
　　　想像以上でした。正直、人件費が相当膨らむんじゃないかと心配です。
　　　ただ同時に、わりとハードルの低い問題として、管理職者の労働時間の
　　　管理に対する意識の低さが見えてきたので、まずはここから何らかの手
　　　を打つべきではないかと感じています」

　　会社の規模に関わらず、管理職者の時間管理の仕方についてはよく質問を受
けている。

顧問「まずは私が店長会議に参加して、残業管理について、ある提案をしましょ
　　　う。その時は社長も同席をお願いします」

～数日後、店長会議にて～

社長「本日は、顧問社労士である大津先生に来ていただき、残業管理について
　　　あるご提案を頂戴します。いまさらですが、皆さん店長さんは管理職で

　す。改めてそのことを自覚しながら、先生の話に耳を傾けて下さい」

　今回の会議には９名の店長が参加していた。

顧問「お疲れさまです。今日は皆さんの部下の方々への残業管理のやり方につ
　　　いて、お話をします。いま、社長の話にもありましたが、皆さんは管理
　　　職ですよね？」

　ちょっと意地悪な表情で唐突に問いかけた私の言葉に、店長たちは少々戸惑
い気味の様子だった。

全員「はぁー、はぃー」

顧問「ではお聞きします。管理をするとは具体的にどういう行為を指すので
　　　しょうか？」

　自分のやるべき行為（行動）を言葉で説明できなければ、人は絶対に行動に
移せない。この当たり前のことがなかなかできていないのだ。

全員「……」

　しばらく、沈黙が続いた。

顧問「んーん、社長、これでは管理を行動に移せませんねえ。でも、ご心配な
　　　く。実は他の会社の管理職者の方々も同じような反応です。では、『管
　　　理とはマネジメントだ！』と仰る人はいますか？　意味として間違い
　　　とは言いませんが、私は敢えて『違います！』と言うようにしています。
　　　私の定義では、管理はマネジメントよりコントロール（制御）の方に近
　　　い。そしてコントロールとは、予定に実態を合わせることです。だから、
　　　コントロールが効いている状態とは物事が予定どおりに進んでいる状態
　　　のことです。ならばこの考え方で、管理ができていない人とは、どうい
　　　う人のことを指すのでしょうか？」

店長「予定に実態を合わせられない人のことだと思いますけど……」

顧問「正解です。そういう人には合わせるテクニックを教えればいいだけです。
　　　しかし実は、もう１つ管理に関する重要な要素があるのですが、何だと
　　　思いますか？」

互いに小声で話し始め、会場が少しザワザワとした感じになった。

顧問「禅問答みたいですが、最初から予定自体が存在しないということです。管理ができない人とは、予定が立てられない人とも言える。そして、意外と多いのがこのケースです。ならば、今回のテーマの残業管理に当てはめると……？」

社長「残業の予定が立てきれてない、ということですよね。でも先生、残業単価はバラバラだし経費としての残業の予定づくりは……」

　残業を経費として管理しようとすると、賃金単価が異なるため、予定を立てても実績との検証となると煩雑になり、その作業も面倒である。

顧問「そうです。ですから残業時間で予定を立てるのです」

　その作業の一般的な流れはこうだ。まず、自分の部署（店舗）で必要になる年間の残業時間数を月ごとに決める（Plan）→その予定を意識しながら日々の必要な残業を行う（Do）→月の終了後に店舗内の残業時間数を合計し予定とのズレをみる（Check）→ズレた原因を推測し、対策・修正等を行う（Action）。チェックとアクションは、毎月の店長会議等で報告し議論する。単純なことだが、これを繰り返すと管理職者の労働時間に対する管理意識も高まる。

　管理職者はやり方さえ教えれば「できない」わけではないのだ。そして、このPDCAを繰り返していると、同時に社内の問題点・改善点も浮き彫りになってくるので、思わぬ副産物があったりもする。

社長「なるほど！　そんなに難しいことではないですね。皆さん、できるかな？」

全員「その程度なら、問題ありません」

　案ずるより産むが易し。何事もそうだがあまり難しく考えずに、まずはやってみることだ。

顧問「基本フォームは、各月の予定と実績が記入できるもの。そして、通常の労働時間も合わせた総労働時間も記入できるようにします。店舗ごとにアルバイト比率の高低で数字も違うでしょう。働いている状態を数値化（見える化）すると、業績にも良い影響が出てくると思いますよ」

┌─ ひとこと ──────────────────────────────
│
│　　残業代を支払っているから大丈夫！　ではありません。労働時間の「管
│　理」をきちんと行って、ブラック企業と言われない健全な会社づくりに取
│　り組みましょう。
│
└──────────────────────────────────────

頭に浮かんだ顧問先を書き留めておきましょう

自分のワードとして使えそうなところを書き留めておきましょう

分かりにくかったところを書き留めておきましょう

第 4 章

モチベーションからコンサルティング

前述したように、私は、従業員の皆さんは会社の財産、いわゆる従業員資産だと考えています。また、採用した従業員は会社の投資と表現することもできます。しかし、この投資額は会計上計上されることはありません。この点に強く疑問を感じております。会計に素人である私だからこそ感じることかもしれませんが、私はこの従業員資産の価値を次のように考えています。新卒を採用し、定年まで勤務することを考えると、入社時に２億円の資産を取得し、毎月賃金という形で分割返済をしている。しかも、この返済金は経費計上でき節税対策になる優れものであると。

　人事の目的は、この会社の大事な財産である従業員の資産価値を上げ、最終的に会社の業績・経営力を向上させることだと考えています。２億円の資産を、適正な人事コンサルティングを行うことで、その価値を２億５千万円、３億円にも上げることができるのです。しかし、その価値という状態は数値化できなければ検証することができません。ではどのように検証するのか、という課題に直面します。億単位の資産と考えれば、この数値化はとても重要なものになります。会社の従業員の資産価値が上がれば必ず将来の収益獲得につながっていきます。

　この資産価値を上げる人事コンサルティングの最も重要なことは、従業員のモチベーションを向上させることです。よく人事コンサルティングと称して、人事評価制度の導入を提案される方が多いのですが、これは処置に過ぎません。人間の体に言い換えるならば、いきなり外科的処置を行うことと同じです。その前にまず健康状態を確認し、おかしなところを発見し、その原因を推測し、内科的処置を行い、それでも良くならない場合は外科的処置というのが、正しい順序ではないでしょうか。会社も同じです。まずは、働いている人たちの状態を把握し、問題があるところにしかるべき処置を行うべきです。この状態の把握手法がモチベーション調査です。この調査を行い非常にモチベーションが高い状態であれば、対策を講じる必要はありません。強いて言うならば、より高いモチベーションを目指すための施策をとっていきます。モチベーションが

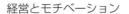

経営とモチベーション

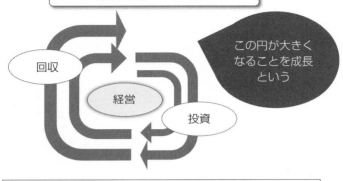

回収

経営

投資

この円が大きく
なることを成長
という

経営とは継続した投資回収の仕組みと活動

雇用は重要な投資である
（従業員資産の取得）

その投資した雇用からどれだけの回収を期待できるか

そのカギはモチベーションの高さである

モチベーションを向上させる思考を常に持つこと

モチベーションを向上させる
行動と習慣（社風）を構築

低い状態であれば、どの部分が低いかを的確に発見し、その原因を推測し、それを改善する処方を施します。

　改善ですから行動や習慣の変更から対策を講じます。モチベーション対策の行動や習慣はコミュニケーションとなります。コミュニケーションの回数や時間、内容、質を変更する、これが改善策です（第3章『人事コンサルティングの武器』を参照）。処方の結果改善が見られない場合は、評価制度など賃金のしくみを改革することになっていきます。しかし、100人未満の中小企業の場合、労務管理（手続き）を行う部署はあっても、人事担当部署というのはほとんど存在しません。担当部署がないのに、評価制度を構築したとしても、その運用はできないのです。ですから、人事担当部署がない中小企業における人事コンサルティングの基本は、評価制度導入ではなく、モチベーション向上という点に注力しなければなりません。

　また、働く環境の変化により、働いている姿を目にする時間が少なくなる職場もあります（リモートワークなど）。その場合、人間関係にも大きな変化が生じることになります。職務中心の仕事で孤立感を感じる従業員の方も増えることも十分考えられます。目に見えない分、従業員の方のモチベーションの把握は重要になってくることも頭に入れておいてください。

　次に、モチベーションについて基礎的知識を学びましょう。

　モチベーションと一口に言っても、いくつかの要素から構成されます。まず、モチベーションを大きく2つに分けるとすれば、関心モチベーションと無関心モチベーションがあります。関心モチベーションというのは、実現したとしても、関心度が高いままのモチベーションを言います。例えば、あるプロジェクトに真剣に取り組んでいたとします。その結果そのプロジェクトが成功したとしましょう。プロジェクトスタート時の意識は重要性が高いと感じると思います。プロジェクトが成功したときの意識はどうでしょうか。この仕事は終わったので重要性は低いと思うでしょうか。違和感がありますよね。いくらプロジェクトを達成したとしても、重要性、つまり関心度は下がりません。これが関心

モチベーションの種類

関心モチベーション
と
無関心モチベーション

関心

ジョブモチベーション

ビジョンモチベーション

ヒューマンモチベーション

システムモチベーション

無関心

関心とは実現した後に、それを重要と感じるか感じないかである。

仕事や理念に対するモチベーション 関心モチベーション

人や処遇に対するモチベーション 無関心モチベーション

モチベーションはバランスも重要になる。
全て関心レベルが高い方がいいというものではない。
緊張感も必要だが、リラックス感も必要なのだ。
このメリハリのある環境作りは、顧問としての大きなテーマになる。

モチベーションです。

　これに対して無関心モチベーションがあります。達成・実現すると関心が薄くなるというものです。代表的なものが人間関係、賃金や昇進等の処遇です。どうも馬が合わない人が自分のチームにいたとします。この時の気持ちは日常の仕事に影響するので人に対する関心度は高くなります。しかし、今回の人事異動でその人がよそのチームに異動したらどうでしょう。気持ちは落ち着き、人に対する関心度は低くなる、つまり無関心になっていきます。賃金や昇進も同じです。なりたい役職がある場合は、その関心度、重要度はとても高い状態になります。しかし、今回の辞令で希望の役職に昇進したとすれば、その後の気持ちは落ち着き昇進前に感じていた関心度はスーとなくなっていきます。これを無関心モチベーションといいます。

　関心モチベーションには、仕事に対するジョブモチベーションと会社の理念に対するビジョンモチベーションがあります。ジョブモチベーションとは、文字どおり自分の職務に対する気持ちや、やる気を言います。今の職場での仕事の分担から仕事に対する達成感を調査すれば、会社やチームの仕事に対する意識を知ることができます。ビジョンモチベーションとは、経営理念や方針を理解し会社の将来を自分ごととして捉えているかということです。目の前の作業を指示どおりこなすだけでは、意義も価値も生産性も見出せません。一般に正社員より非正規雇用者の方がビジョンモチベーションは低いので、全体の底上げをして末端にまでビジョンが行き渡ることが必要といえるでしょう。

　これに対し、無関心モチベーションには人間関係に関するヒューマンモチベーションと賃金や処遇、労働時間等に関するシステムモチベーションがあります。業務効率にはチームバランスは重要です。ハラスメントやいじめなどあればヒューマンモチベーションは低下し、離職へと繋がる要素となってきます。システムモチベーションは、誰しも賃金が大きな関心事となるため、モチベーション数値は低くなるのが一般的です。特に、ジョブモチベーションが高いとシステムモチベーションが低くなる傾向があります。この場合は、賃金総額の

４つのモチベーション

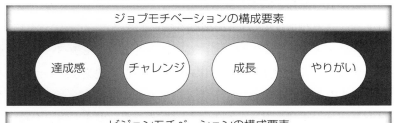

ジョブモチベーションの構成要素

達成感　チャレンジ　成長　やりがい

ビジョンモチベーションの構成要素

理念　目標　誇り　未来

ヒューマンモチベーションの構成要素

チームワーク　助け合い　配慮　和

システムモチベーションの構成要素

給料　労働時間　評価　環境

モチベーションの数値が低いと、全てダメというものではない。
ジョブモチベーションが高いチームは、日々緊張感を保持しているので
システムモチベーションが低くなる傾向になる。
このように、全て『数値のみで判断』することは、避けなければならない。

アップというより、わずかであっても上昇率をアップさせることが重要です。この対策としては人事評価制度が効果的です。

　意識レベルが低い部分を向上させるためのコミュニケーションが、最大の対策となります。これは5,000人以上の調査を行い、モチベーションが高いチームのリーダーにヒアリングを実施して分かったことです。モチベーションが高いチームの要因は、賃金が高いから、休みが多いから、残業がないから、などと思いがちですがこれは違います。上司と部下のコミュニケーションが活発なチームほどモチベーションが高い結果になったのです。ですから、今後はこのコミュニケーションについて、もっと真剣に手法や取り組みについて検討すべきです。なぜならば、この対策には経費が0円だからです。たとえコミュニケーションの時間をとったため時間外労働となり残業代が生じたとしても、安い投資と考えるべきでしょう。

　私の顧問先に、市街地からかなり離れた場所で30人ほどの製造業である会社があります。継続的に労働人口が減少してく中、田舎にも関わらず国立大卒の新入社員が毎年のように入社してきます。中には大学院卒という逸材もいます。しかも離職率は極めて低く安定的な雇用が続いています。不思議に感じられる方も多いと思います。周りの経営者からも「なぜ？」という質問も多いようです。しかしこの会社も以前は違っていました。この会社とは10年以上のお付き合いになりますが、その当時は問題社員も存在しており、なおかつ、その者が社内に悪い影響を与えていました。しかし、社長はそのことに気づかず、社内体制を何とかしなければならいという思考に陥っていました。ある日、私は社長にモチベーションとコミュニケーションのことを話す機会がありました。これに興味を抱いた社長は従業員全てと毎月1回30分のコミュニケーションタイムをとると公言され実行に移します。するとどうでしょう、まず問題社員の悪影響の存在が明確になると同時に、その問題社員の人達が会社を自己都合で次々に退職していきました。コミュニケーションにおいて、退職勧奨的な話は一切していないのに自主退職となったことに社長も不思議に思われていまし

顧問先の社長が実施したこと

① コミュニケーションの量を確保すること

② コミュニケーションの質を高めること

■ 1回当たりのコミュニケーションの時間は、最低30分とした。

■ 必ず1ヵ月に1回、全従業員とのコミュニケーションの時間を作った。

■ コミュニケーションの内容は、従業員視点で目標を決めさせ、
その目標について深堀りしていくようにした。

■ コミュニケーションにつき、記録を残すようにした。
その記録のタイトルを、『輝ける自分の未来へ』とした。

この2つを継続して毎月実施した結果、
会社のレベルが驚くほど向上した。

【レベル向上の具体例】
・会社の方針に合わない従業員が退職していった
・必要な人材が定着した
・職位者の管理意識が高まった
・社内の問題を早期に発見できるようになった
・残業時間が減少した
・従業員からの紹介での採用が増えた
・福利厚生まで手が回るようになった

た。しかし、全従業員との定期的かつ継続的なコミュニケーションが良い方向に働いたのであろうと感じておられます。そこに科学的根拠があればいいのですが、私も社長も学者ではないので理由の追求はしておりません。事実として認識しています。数年たった今でもこの全従業員コミュニケーションは毎月続けられています。その間、問題社員の出現はありましたが、決まったようにその者たちは退職していきます。「うちの会社は必要な人間だけが残って、必要でない人間は辞めてくれるのよ」というのが今や社長の口癖になっています。ここ数年は業績も安定して節税対策が悩みのようです。

　どうでしょうか、顧問としてモチベーションが低い顧問先にはこのコミュニケーション対策は有効であると感じていただけたでしょうか。ぜひこの事実を顧問先に伝えてください。

　次にモチベーションと人件費の関係について少し触れてみたいと思います。

　モチベーションの結果は人件費クオリティに反映させます。モチベーションが高いチームに支払う人件費と、低いチームに支払う人件費が同じ金額であればどうでしょうか。モチベーションが高いチームの人件費の方が人件費の質、つまりクオリティは高いと言えます。クオリティが高いかの判断は平均値との比較になります。自社内の比較、他社との比較、業界での比較、地域での比較など、一言に比較と言っても多数あります。まずは自社内の比較から取り組むといいでしょう。

　実際に大学等の研究結果でモチベーションが高いチームはチーム業績が高くなると出ています。業種にもよりますが、サービス業や接客業の場合はこの傾向が顕著に表れてきます。ぜひ、人件費クオリティという概念を持つようにしてください。

　このようにモチベーションが人事の要になることはご理解いただけたでしょうか。モチベーションは数値化するものです。数値化されるとなればAIが関わってくる時代がそこまで来ていると考えるべきです。経営をアドバイスする立場では重要なアイテムと認識しておきましょう。

人件費クオリティという考え方

モチベーションが
低いチームの者に支払う
賃金20万円

モチベーションが
高いチームの者に支払う
賃金20万円

同じ20万円でも
支出効果は異なる！

モチベーションが高いチームに支払う賃金の方が
人件費のクオリティは高い。

人件費クオリティを高めることが
人件費のレベルを向上させる一要因になる。

【人件費クオリティが低いチームの傾向】

・業績に悪い影響を及ぼす
・残業代が多くなる
・ミスやトラブルが多くなる
・チーム同士の相乗効果が低くなる
・ハラスメントが増える
・離職率が高くなる（離職損失）
・従業員の成長を止める

モチベーションって何？

着眼点：人事コンサルティングの肝になる。モチベーション
　　　　は業績に影響する！

　　　　　業種：小売業

顧問先　　従業員数：正社員　20人　アルバイト25人

データ　　人事評価制度：なし

　　　　　経営者：55歳の創業社長

　顧問先の社長と打ち合わせしていたときに、ふとモチベーションの話題に及んだ。

社長「最近、モチベーションという言葉をよく耳にする機会が増えてきましたよね。先生はこうした方面にも精通しておられますか？」

顧問「モチベーションは私の研究課題であり、大きな関心事の一つです。最近は昔と違って、上の役職を目指そうというモチベーションが低くなってきているように感じます」

社長「同感です！　私の時代はとにかく上を目指して給料も上がって、欲しいものを買いたいという欲求がありました。でも今はちょっと違ってきていますよね。先日も管理職に昇進しないかと社員に打診したところ、管理職にはなりたくないという返事でして、困った経験をしましてねぇ……」

　この手の相談は最近増えてきている。出世して忙しくなるよりプライベートの充実を優先する傾向が主流になっている昨今、今までとは違ったモチベーションアップのアプローチが必要な時代になってきたと考えるべきである。

顧問「先日は他の顧問先で、ポスト不足問題を解消し、組織の若返りとそれによるモチベーション向上について相談がありました」

社長「その話は興味ありますね、業界的にもポスト不足問題は避けられませんから」

　成熟期に達した会社にとっては、避けて通れない課題でもある。

顧問「モチベーションの感じ方そのものは同じと考えるべきでしょう。モチベーション向上の対象となるものが変わってきたと考えるべきですね。働く人が求めるものが違ってきていますから。それではモチベーションの基本的な考え方を説明しますね」

　モチベーションについてはさまざまな理論と研究がなされており、正解を一つに絞ることはできない。ここでは私が研究している理論に基づいて説明することとする。

顧問「まずモチベーションは大きく2つに分けることができます。関心モチベーションと無関心モチベーションです」

社長「関心と無関心ですか。具体的にはどういうことでしょうか？」

顧問「不満があると欲求が強いため関心度が高いのですが、欲求が解消され満足すると関心度が低下する、つまり無関心になるというモチベーションのことを無関心モチベーションといいます。これに対して欲求が満たされても関心度が下がらないモチベーションのことを関心モチベーションと言います」

社長「少し難しい話になってきましたねぇ。もう少し具体的に教えていただけませんか？」

　モチベーションについて普段から意識していない社長にとっては、初めての言葉に違和感が生じるのであろう。そこで例を挙げて説明することにした。

顧問「分かりました。それでは……、給料を考えてみましょう。社長である今ではなく、従業員時代を思い返してみてください」

社長「はい、それでは20年前にタイムスリップします。どうぞ」

　社長はそう言ってそっと目を閉じた。

顧問「給料が30万円だったとします。あと2万円あれば少し贅沢できるなぁ、

ちょっとしたローンも組めて欲しいものも手に入るのに……という給料
　　　アップの欲求があったとします」

社長「いや、ありましたよ！　そんなときが。結構欲しいものがありましてねぇ
　　　……」

　　昔を懐かしんでいる社長であった。

顧問「ということは昇給に関心が高かったということですね」

社長「当然です‼　そりゃあ関心大ですよ！」

顧問「分かりました。では念願の２万円の昇給があり、給料が32万円になった
　　　としましょう。昇給後の関心度は昇給前に比べてどうですか」

社長「ん？　関心度は昇給前より低くなりますよねえ。もらえるようになった
　　　んですから。違うテンションが上がりますね」

顧問「満たされたら無関心になったということですね。それが無関心モチベー
　　　ションです。では仕事を頑張っている自分を想像してください。仕事を
　　　頑張って認められたいと思っていたとします。このときの関心度はどう
　　　ですか？」

社長「関心度は高いですよ！　そりゃ当然でしょう」

顧問「そうですね、関心度は大ですね。そして頑張った結果、仕事で認められ
　　　た。達成した。このときの仕事に対する関心度はどうでしょう？」

社長「仕事で認められたのだから達成感もあり、関心度も高いままでしょう、
　　　当然です。ん？　さっきと違いますねぇ……」

顧問「お気づきですか。欲求が同じように達成されても、その内容や目的が違
　　　うと達成後の感情は異なることがあるんです。これを関心と無関心のモ
　　　チベーションと表現しました」

社長「なるほど、では関心モチベーションは仕事のモチベーションということ
　　　ですねっ」

顧問「いえ、ちょっと違います。関心モチベーションはさらに、仕事に関する
　　　ジョブモチベーションと、会社の理念に関するビジョンモチベーション

　　　の 2 つがあるんです」

社長「はー、なるほど。では無関心モチベーションにもいくつか種類があるん
　　　ですか？」

顧問「その通り！　無関心モチベーションには、給料などの会社の制度に関す
　　　るシステムモチベーションと、人間関係に関するヒューマンモチベー
　　　ションの 2 つがあります。これら 4 つのモチベーションを調査すると、
　　　チームのモチベーションも把握できるようになります」

　　実際の調査は一つのモチベーション当たり12問、計48問程度で行うことにな
る。所要時間は15分程度で十分である。

社長「先生、今度うちの会社でも調査してください」

顧問「わかりました、既に5,000人以上の調査をしていますので、店舗ごとの
　　　傾向は明確に分かりますよ」

　ひとこと

　　近年、モチベーションと業績の相関関係が立証されてきています。労働
力の減少の解決方法としてモチベーション向上の対策も検討すべきです。
　　AI 時代の到来で、人事分野でも大改革が起きていきます。店舗を管理
する上でスタッフのモチベーションも管理すること。それが必須要件とな
る時代は、すぐそこまできています。

頭に浮かんだ顧問先を書き留めておきましょう

自分のワードとして使えそうなところを書き留めておきましょう

分かりにくかったところを書き留めておきましょう

第 5 章

適材適所をコンサルティング
〜適所づくり〜

労働人口が減少していく今の世の中にとって、以前より特に適材適所の人員配置ということが強く要求されるようになってきました。経営者の方と話をしても適材適所は重要だという言葉をよく耳にします。しかし適材適所の人事を実行できている会社に出会ったことはありません。この章では、適材適所の人事について伝えていきます。

　適材適所というわけですから、「適材」と「適所」を明確にしておく必要があります。では、適所から考察します。

　適所を考える上で重要になってくるのが組織です。

　人はビジョン実現のために起業します。自分がこれをやりたい、これを実現したいという想いから起業するのです。起業は1人でしますが、事業を進めていくと1人の力では足りなくなり、2人以上の力が必要になってきます。1人で行っている時は、全部を1人で決め、全部1人で実行していました。しかし、2人となるとそうはいきません。そこで分業というものが必要になってきます。組織の原点は、この分業なのです。分業はいくつかに分類されます。例えば営業、経理、企画などです。この分業の分類のことを分業ラインと呼びます。中小企業の組織には4つの分業ラインが必要だと私は考えます（大企業は5つの分業ラインが必要）。1つ目の分業ラインはオペレーションライン。このラインは、営業や店舗、製造現場などマニュアルに則った動作を中心とする仕事です。2つ目の分業ラインはクリエイティブライン。バイヤー、商品開発など提供するものを作り出す仕事です。3つ目の分業ラインはサービスライン。簡単にいうとお手伝い屋さん。経理、総務、庶務など直接売上には関係しないが、サポートするのが仕事。4つ目の分業ラインはスタッフライン。3つのラインに属さない業務で、社員教育に携わる仕事や、監査・スーパーバイザーなどのラインを超えて動く仕事です。

　組織には「分業」というお話をしましたが、もう一つ大事な要素は、決定と

実行です。誰が決めて誰が実行するのか、という「職位」が必要になります。職位がないと分業が機能しません。4つのラインには、それぞれ職位レベルがあるとイメージしてください。

　横軸に分業ライン、縦軸に職位レベルを図に表すと下のようなマトリックスになります。このマトリックスは数個の箱から構成されます。この箱が職務となります。それぞれの職務はその形から職務ボックスと呼ぶようにします。

【基本形】

	オペレーション	クリエイティブ	サービス	スタッフ
決める	職務	職務	職務	職務
一部手順を決めて実行する	職務	職務	職務	職務
実行する	職務	職務	職務	職務

【小売業の場合】

	店舗	仕入部署	総務経理	監査・教育
部長	職務	職務	職務	職務
店長 課長	職務	職務	職務	職務
主任 一般	職務	職務	職務	職務

これをイメージしやすくするために小売業で考えてみましょう。小売業の場合、店舗はオペレーションラインになります。バイヤー部門の仕入担当はクリエイティブラインに、総務経理部門はサービスライン。監査やスーパーバイザー、教育に関するインストラクター、トレーナーはスタッフラインになります。そして、決定する職位はトップ及び部長、一部手順を考えて実行する階層は店長・課長、実行する階層は主任・一般職であったとしましょう。そうすると組織マトリックスは前頁のようになります。そうすると、この会社の職務は大きく12の職務から構成されていることになります（職務ボックスが12個）。

　では、職務とは何でしょうか。職務を共通言語に変換してみましょう。このケースは店舗運営が中心になりますから店舗での仕事を想像してみてください。商品を陳列します。お客様へ商品をお勧めし、購入へと導きます。精算します。不足した商品を発注します。想像できますよね。これらは作業といいます。名称を付けると、商品陳列作業、プレゼンテーション作業、クロージング作業、精算作業、商品発注作業となります。これら作業の集合体が職務です。私の経験からお話しますと、一つの職務に100～200の作業があります。では個別の作業について考えてみましょう。商品陳列作業で考察します。商品陳列作業で最初にすることは不足している商品の確認です。つまり陳列必要数量を数えます。次に商品のストック場へ移動します。ストック場の対象商品保管場所から商品を取ります。売り場へ移動します。新しい商品を奥に配置するため、古い商品を陳列棚から取り出します。新しい商品を奥へ配置します。その手前に古い商品を配置します。これで作業完了です。こういう行動を動作と言います。つまり、作業は動作の集合体ということになります。通常、一つの作業は約20の動作から構成されているといわれています。この動作をまとめたものがマニュアルです。

　まとめますと、組織とは職務の集合体、職務とは作業の集合体、作業とは動作の集合体となります。職務ボックスの中身は100～200の作業と作業ごとの約20の動作、最終的に2,000～4,000の動作ということになります。

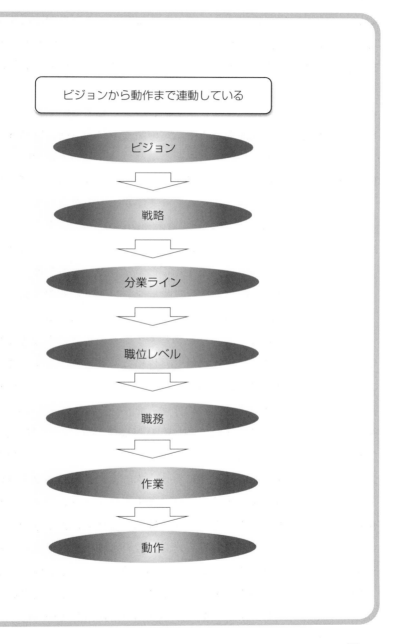

ビジョンから動作まで連動している

ビジョン

戦略

分業ライン

職位レベル

職務

作業

動作

適所とは、組織を構築する上でできる職務ボックスを明確にすることです。職務ボックスが明確になれば、誰がその職務を遂行するのが適任かという問題に直面します。この誰かのことを適材と言います。それでは適材について考察しましょう。

　適材を判断するにはジョブローテーションが必要です。ジョブローテーションとは入社後、一定期間を定めて全ての職務を経験させ、職務遂行期間中の仕事ぶりを数値で記録し、その者がどの職務に適しているか判断する手法、いわば実験して判断するというものです。大企業の場合、新人研修と合わせてジョブローテーションをするところもありますが、中小企業の場合、即戦力を求めるため、ジョブローテーションをする余裕がありません。そこでジョブローテーションに替わるもの(数値)が必要になります。アメリカの経営学者ピーター・ドラッカーは、人の短所を克服することではなく、長所を伸ばしその長所を活かせる仕事をさせよと提言しています。まさに適材適所の人員配置です。しかし、長所だけで判断していいのでしょうか。人間には性格というものもあります。長所と短所は思考が大きく影響します。この思考により様々なタイプに分類することができます。これに対し、性格は心が影響します。この心の影響により様々なキャラクターに分類することができます。この２つの観点から適材を判断する必要があります。この考え方を『持ち味』と言うことにします。『持ち味』につきましては第６章で詳しく説明しますのでここでは割愛します。

　結論としては、適材適所は、職務ボックスと従業員全員の『持ち味』を把握できれば、どの顧問先でも可能になります。また、職務ボックスの中身を明確にすると副産物も生まれます。それは人事考課フォームです。職務ボックスの中身をしっかり遂行できたかどうかを確認する作業が人事考課なのです。人事考課で、できないところを発見したら再教育訓練をしてできるようにします。組織づくりとは適材適所のみならず人事考課、ひいては教育訓練まで連動するものなのです。ですから一体的思考で考えるようにしてください。

　提供するコンサルティング機関がバラバラで構築していくので、全体的に連

従業員の強みと弱みを知る！

従業員の強みと弱みを知る方法

従業員の強みと弱みを知るには
ジョブローテーションをするしかない

ジョブローテーションには時間がかかり余裕がない

従業員の持ち味を発見できるツールを活用する

従業員の強みを活かせる部署に配置！

そもそも顧問先の部署は適正になっているの？

適正な組織にリニューアルする必要がある

組織改革　従業員の持ち味発見

適材適所

動していないというケースを多く見てきました。誰かがコントロールタワーとなって全体を構築する必要があります。この役目の適任者は、言うまでもなく顧問税理士だと私は思います。理由は、全体を統率できる士業やコンサルティング会社は私が知る限り存在しませんし、専門の資格もありません。そうであれば、誰（どの士業）が勉強して取り組むかということになります。誰もが初めてであるのであれば、顧問税理士がすべきでしょう。なぜならば、経営者が会社のお金のことに関して包み隠さず報告する存在が顧問税理士だからです。これが私の見解です。

　また、人事考課や教育訓練については、大きな変化がおきてくると認識しておいてください。それはリモートワークという働き方の出現です。この新しい働き方により、ジョブ型が加速化していきます（ジョブ型とは従業員の職務（ジョブ）をベースに雇用する形態をいう）。ジョブ型雇用は人に仕事を割り当てるのではなく、仕事に人を割り当てていきます。そうなれば、職務と適正な従業員人員数の把握はマストになります。これは、欧米スタイルの雇用形態です。同一労働同一賃金を定めた「働き方改革関連法案」の施行、さらにリモートワークの普及は一気にジョブ型へシフトしていきます（ジョブ型に対して従来の雇用形態はメンバーシップ型と言われる。メンバーシップ型はジョブローテーションを繰り返すことにより勤続年数が昇給の基礎となる。新卒採用を中心に育成する従来の日本型雇用スタイル）。ジョブ型となれば職務の明確化が今以上に必要になってきます。できるだけ早い段階に、顧問として顧問先に『職務』というものを意識していただくと共に、明確化の推奨を促してください。

　また、ジョブ型が進むと、アウトソーシングやシステム化に移行できる環境にもなっていきます。アウトソーシングにも様々な形態も出てくるでしょう。ジョブ内容が明確になるということは、職務ボッスクの作業が明確になるということです。作業が明確になれば、経営側からすると、労働時間にお金を支払うのではなくて、作業の完遂（成果）にお金を支払いたいと思うようになるでしょう。まさに、時間から成果へのシフトです。しかも、リモートワークで働

組織マトリックス

職務は、職位レベルごとの基礎作業と、職位レベルに対応する分業ラインごとの専門作業から構成される。

	オペレーション	クリエイティブ	サービス	スタッフ
分業ライン				
決める	専門作業	専門作業	専門作業	専門作業
	基礎作業			
一部手順を決めて実行する	専門作業	専門作業	専門作業	専門作業
	基礎作業			
実行する	専門作業	専門作業	専門作業	専門作業
	基礎作業			

職位レベル

このフォームの考え方が、人事考課フォームの基本となる。

職務

職務明細書

人事考課シート

副産物

いているとなればなおさらです。そうなると、アウトソーシングの専門業者との契約ではなく、従業員を個人事業主として独立させて、その元従業員との個別契約という形態もありえます。労働者側も、様々なものを経費計上でき、確定申告を自ら行うことで結果的に手取りの収入が増えるとなれば、そちらの方が得策であると考えるかもしれません。今後、キャッシュレス化が当たり前になると、確定申告手続きなどスマホで簡単にできるようになります。そうなれば、予想以上にこの状態は進むかもしれません。その結果、雇用という概念が全く違うものになるでしょう。

　このように、職務そのものが会社からなくなるという現象が一般的になるかもしれません。職務がなくなれば人件費が大幅に差がることになります。職務は作業の集合体なので、作業中心の職務そのものがなくなれば従業員人員数の目標の修正も視野に入ってきます。今後はこのような思考で顧問先と対応していただきたいと思います。経費バランスが大きく変動する（人件費からアウトソーシング等の手数料経費へ）ので、とても大事なテーマになります。

人事コンサル
の現場から
ケース7

適材適所

着眼点：気合と根性から経営に科学的根拠を！

顧問先
データ

業種：スーパーマーケット3店舗運営

従業員数：正社員　10人、アルバイト　15人

人事評価制度：なし

経営者：45歳の創業社長

　労働人口の減少問題が運送、介護、飲食といった業界を覆い、経営の根幹に影響を及ぼしかねないところまで深刻化している。今回は店舗運営をしている顧問先での話である。

社長「先生、ムダを無くすということは分かりました。でもそれって、労働力低下の根本的解決にはならないんじゃ……」

　私はあえて、非現実的と言われることを覚悟の上で、大胆な提案を切り出してみることにした。

顧問「社長、逆の思考をしてみませんか？」

社長「えっ?!　発想の転換ということですか？　具体的にどういう風に……？」

顧問「業界関係なく労働人口の減少は起きていますし、今後もこれは続きます。現状のまま何も改革しなければ、労働力が低下していく事実からは永遠に抜け出せません。そして改革とは、仕組みの変更により対策を講じることです」

　明確な根拠もなく、現在の経営スタイルが最適であると思い込んでいる経営者は意外に多い。だから現状を変えずに対策を打とうとする。それが問題なのである。特に人材は他力であるため、人手不足の時代に自力でコントロールすることはできない。

社長「会社の仕組みを変える……」

顧問「組織改革と適材適所です。組織とは、2人以上の人間の分業の仕組みと
　　　定義できます。そこで人が足りないのなら、新たな分業体制を考え出し
　　　てみるのです」

　資本主義の原則からいえば、最初から最後まで1人で作業するより、分業し
て集中して仕事をする方が効率的である。また、機械化すれば生産性はさらに
向上する。

社長「理屈は分かりますが、うちの業界では分業はちょっと馴染まない気が
　　　……」

顧問「社長、まずはその先入観念を一度捨てましょう。それでは質問です。営
　　　業戦略は誰が立てますか？」

社長「店長です」

顧問「労務管理は誰がやりますか？」

社長「店長です」

顧問「行政対応は誰がやっていますか？」

社長「当然、店長です」

顧問「施設設備の保守管理は……？」

社長「それも、店長です」

顧問「業者対応は誰がやっていますか？」

社長「ほぼ、店長です……」

　この法人は3店舗を有しているが、敢えていえば、3人の店長が3店舗で同
じことをやっていることになる。

顧問「社長、オールマイティーの人材を育てることは、けっこう大変なんじゃ
　　　ないですか？」

社長「ええ、店長全員が同じレベルで同じことができるわけじゃない。能力レ
　　　ベルの均一化、これが悩みのタネでして……」

顧問「神様じゃあるまいし、すべてをそつなくこなすことは無理な話です。人

には得意・不得意があって当然。数字が得意な者もいれば、企画が得意な者もいる。リーダーシップを発揮できる者もいれば、裏方や縁の下からリーダーを支える参謀役で能力を発揮する者もいる。十人十色、性格や能力はそれぞれ違います。そして、不得意な仕事をやらせるのではなく、得意な仕事をやらせる方が業務効率は上がるに決まっています」

マネジメントの発案者である経営学者のピーター・ドラッカーは次のように言っている。「強みのみが成果を生む。弱みはたかだか頭痛を生むくらいのものである。しかも弱みをなくしたからといっても何も生まれはしない。弱みをなくすことにエネルギーを注ぐのではなく、強みを生かすことにエネルギーを費やさなければならない」―『経営者の条件』より

社長「先生のおっしゃりたいことは、まずは業務の分業を図る。そして分業した職務ごとに、それが得意な人員を配置するということですか？」

顧問「その通り！　職位ごとの仕事を一度バラバラに細分化する。その上で、店舗単位ではなく、業務単位で再編成できないかを模索するんです」

社長「新たな業務基準かぁ〜」

顧問「例えば営業に関すること、労務に関すること、設備・施設に関すること、マーケティングに関すること……」

この分業の考え方に関しては、多店舗展開している大手小売業をイメージしてみるとよい。仕入れ担当（バイヤー）と店舗管理者は組織が違うし、人事に関してもそうだ。

社長「先生のおっしゃりたいことが、ぼんやりとですがイメージできてきました」

顧問「分業ができれば、そこに適材を配置する。これが、私の考える適材適所です。ですからそのために、まずは組織の仕組み、いわゆるフレームを見直すことから始めないといけません」

私の言葉に、間髪いれずに社長が頷いた。

社長「フレームづくりは経営トップである私の仕事ですよねっ。でも、常に現

場を見ているわけじゃないから、適材を見つけるのはなかなか難しいよう
　　な……」

顧問「そこの解決策はジョブローテーションです。数週間単位でジョブロー
　　テーションを行い、ジョブごとの評価を行って適所を判断するんです」

　　ただ、これをやるとなると相当な人事計画が必要になってくる。

顧問「もっと簡単な方法として適性診断調査の実施があります。この手のツー
　　ルは使い方次第で、かなり有効です」

　　現在、私はこの分野に関して研究をすすめ、さまざまな試みを実施している。

社長「適材の判断のご指導は先生から仰ぐとして、私は適所のフレームの見直
　　しと再構築に挑戦してみます」

┌─ ひとこと ─────────────────────────
│　　今後も労働人口減少の深刻化は進みます。適材適所は真剣に検討するべ
│　き経営課題です。既成概念にとらわれず、前向きに検討してみましょう。
└──────────────────────────────────

頭に浮かんだ顧問先を書き留めておきましょう

自分のワードとして使えそうなところを書き留めておきましょう

分かりにくかったところを書き留めておきましょう

事業承継と組織づくり

着眼点：仕事は職務と責任を明確に！

顧問先
データ

業種：製造業

従業員数：正社員　60人、アルバイト　45人

人事評価制度：あり

経営者：56歳の創業社長

　先日、10年来の顧問先の社長とホテルのラウンジで久しぶりにコーヒーをご一緒した。お付き合いの当初は就業規則や賃金体系の見直しが主で、いわゆる労働環境整備の相談が多かった。

顧問「この数年でアルバイトの方まで含めた従業員数は100人オーバー。まさに加速度的な企業規模の拡大ですね」

社長「皆さんのご支援の賜物ですよ」

　この社長は感性が豊かなうえ、時代を読む能力にも長け、会社を1人で引っ張ってきた敏腕オーナー社長である。

社長「実は先生、会社経営に関して少し悩みがありましてねぇ……」

顧問「経営的にはほとんど問題はないように見えますが……」

社長「あれです、事業承継です。あと数年で、社長を長男に譲ろうと思っているんですよ」

　社長の言葉を借りれば、超ワンマンの自分が率いる "現組織" をそのまま長男に渡せば間違いなく彼が困る。そこで改めて組織の作り方を教えてほしい、ということだった。

顧問「ところで社長、単純な質問ですが『組織』とはいったい何でしょうか？」

社長「ん～、利益追求の集団……」

　この「組織とは？」の質問を経営陣に投げかけても、なかなか明確な回答が返ってこないことは普通である。

顧問「社長は組織の再構築をお考えになっている。ならば、その定義の明確化は最初の一歩でしょう。さて、私なりのキーワードを申し上げると、仕事対仕事、JOB！」

社長「はあ？　え～っ、組織で、仕事対仕事……？」

　『なぞかけ問答』でもやるつもりですか？　と言いたげな社長の顔がそこにはあった。

顧問「社長は自分の思いを実現するために経営戦略や営業施策を立て、組織を動かしてこられた」

社長「ええ、ヒト・モノ・カネ・情報への対応、サービスの内容や質、販促の企画、数えきれないほどの問題を相手に孤軍奮闘してきました」

顧問「孤軍奮闘……、今後は役割の分担が必要だろうと考えていらっしゃる？」

社長「そうそう、そうなんですよ。それぞれの仕事に関して分業をちゃんと決めなくちゃ！」

　『組織論』の色合いが濃くなってきたが、重要なことなのできちんと説明した方がいいと判断し、会話を続けた。

顧問「そして分業がきちんと整理されたら、次に"決める人"と"実行する人"を明確にする。簡単に言えば、決定して指示を出す職位者と実行して報告する職位者をはっきりさせる。今のように、"俺が決める"方式じゃダメですよね！」

社長「そのツッコミはきついなぁー。分業とは部署のこと、職位者は職位の長と捉えていいですか？」

顧問「構いません。まずは部署の分業、つまり仕事の内容をはっきりさせる。そして職位ごとの権限をはっきりさせることが大事です」

　ここで注意すべきは、必要以上の権限は絶対に与えない。そして、何となくの年功序列で職位を与えてはいけない、ということである。

顧問「例えば係長と主任の違いや、課長の権限と責任の範囲ですね。おそらく、今の状態では明確になっていないんじゃないですか?」

社長「恥ずかしながら、おっしゃる通りです。何となく部署を作って、賃金を上げるために職位を与えているのが現実です」

　短期間で成長拡大してきた組織、超ワンマン社長が全車両を牽引する機関車経営で伸ばしてきた組織。そんな組織によくある傾向といえる。

顧問「まずは部署ごとの仕事の内容を細かく洗い出してみてください。不要な仕事をしていたり、複数の部署で業務が重複して非効率になっていたり、社内の管理システムが上手く機能していなかったり、組織の改善点がたくさん見つかると思います」

　理由があって続けている仕事には意義がある。しかし、理由や必要性といった根拠がまったくないまま続けている仕事もけっこう多い。そして、その理由が単なる"社内の慣習"だったりするのである。

顧問「社長、話を戻しましょう。分業と決定実行の職位が固まれば"職務"が生まれます。これが仕事=JOB(ジョブ)となります。つまり組織とは、職務の集合体ということです」

社長「なるほど!　先生がおっしゃった"仕事対仕事"の意味は、そういうことですね」

　職務を明確にし、職務ごとの権限も明確にする。誰がどのレベルまで決定して指示を出し、誰がそれを実行に移し、報告をするか。ここが明確になるだけで潤滑な組織運営が可能になる。

顧問「最後に、非常に重要なことを一つ。事業承継では『何を引き継がせるか』を明示することが大切です。引き継ぐほうが何となく引き継ぎ、結果、経営の方向性が定まらず組織が弱体化するケースは珍しくありません」

　事業承継においてまずは、その『何を』が明示されなくてはならない。次に、それを実現するために必要な分業(「分業ライン」といいます)を明確化する。そして、それらを基に物事を実際に誰が決定し、誰が実行するかを決める。こ

の順番を間違えないようにしなくてはならない。

社長「私が会社の方向性、VISION を作らなきゃ何事も始まらない。当然、事
　　　業承継もそれに伴う組織の再構築もままならない……」

　　VISION を作ることは、会社＆社員のすべての行動規範、物事の判断基準、
組織の仕組みを作ることに直結するといっても過言ではない。

顧問「その通りです。これからは事業承継を見据えて、社長の VISION を具
　　　現化するお手伝いをさせてもらいます」

┌─ ひとこと ──────────────────────────
│
│　　近年、事業承継問題をあちらこちらで耳にします。事業承継とあるべき
│　組織との姿を考える上で、誰が引き継ぐかもさることながら、何を引き継
│　ぐかが最重要課題といえます。まさに『何を』が VISION であり、企業
│　の存続（ゴーイングコンサーン）には必要不可欠なものなのです。
└─────────────────────────────────

頭に浮かんだ顧問先を書き留めておきましょう

自分のワードとして使えそうなところを書き留めておきましょう

分かりにくかったところを書き留めておきましょう

第 6 章

持ち味でコンサルティング

～適材配置～

人は皆その人にしかない持ち味を持っています。この持ち味を活かした仕事をさせると会社にも本人にも良い効果が生まれます。しかし、この逆のパターン、つまり持ち味を活かせない仕事をさせた場合は悪い効果が生まれます。当たり前のことですが、この人員配置や人事異動といったものが全くできていないのがほとんどの企業の実態です。私自身の持ち味は、緻密な作業は不得意であるが発想力がありコミュニケーションに長け、行動力があり、称賛されるといつも以上に頑張ることができ、リーダーシップも発揮できることです。営業に配属されたときは適所でした。前任者の実績を２年間で300％達成し若手セールスマンとして目立つ存在で、当然評価も高いものでした。しかし、自分の希望もあったのですが経理部に異動した後は一転します。経理とは発想力は不要で、緻密に決まった作業をするだけ。突出した行動力も必要なく無言の職場でもくもくと仕事をするところでした。できて当たり前の世界ですから、称賛されることもありません。緻密な作業が苦手な私はミスを起こし残業が当たり前、当然評価も悪いものでした。どこにでもある光景ですが適材適所が本人にとっても会社にとってもいかに重要なことか分かると思います。では、どのようにすれば適材適所の人員配置、人事異動ができるのでしょうか。

　資本主義の先輩である欧米ではジョブローテーションによって適正を判断し、そのデータをもとに人員配置や人事異動に役立てています。しかし、ジョブローテーションは時間を要します。13週ローテーションという方法がよくありますが、これでも１年間で４つの職務しか経験することしかできません。しかもこの間は賃金を支払い仕事での成果は期待できません。人件費の投資という発想をもたないと成り立たないのです。アメリカでの視察研修で見た金融業の中小企業では、徹底されたジョブローテーションを行っていました。新卒の新入社員は３年間研修を受け徹底的に学びます。その間、お客様とのコンタクトは一切させません。電話をとることも許されません。その後13週のジョブローテーションを行うので丸々４年間の投資ということになります。しかし、ここまでするので適材適所の人員配置ができるのです。どうでしょう、日本の中小

企業でできるでしょうか。経理で入社した者はずーっと経理、営業で入社した者はずーっと営業。これが現実で適材適所なんてできない、その結果退職し自分探しの旅に出る、この繰り返しです。これは本人・会社両者にとって不経済であり不幸以外の何物でもありません。適材適所に関しては、以前はあまり重要事項にしていませんでしたが、労働人口の減少が始まった昨今「人が集まりません、どうしましょうか」という顧問先からの相談を毎日のように耳にするようになり、対策も考えるようになりました。そこで出た一つの結論は「今いる従業員で、あるいはギリギリの従業員で何とかするしかない。だから一人ひとりの従業員に最大のパフォーマンスを発揮してもらわなければならない。そのためには組織を見直し（職務の精査）、適材適所の人員配置しかない」という結論に達しました。それから2年間かけて数十種類の持ち味の型に分類し適材適所配置ができる手法をつくりました（約1,000名を対象に調査、テストを繰り返し完成させたものです）。一般的な適性検査なるものはコンセプトが全く異なります。第5章の適所づくりと合わせて活用したところ、100％ではありませんが人手不足問題はおおむね解消できています。

　組織を決めるものとして分業ラインと職位レベルがあります。まず、どの分業ラインが適正かを判断しなければなりません。方法としては、計算力、緻密力、会話力、発想力の4つの能力の状態（例えば会話力は高いが計算力は低い等）で適正なラインを判断します。この4つの能力のことを『タイプ』というようにします。次に適する職位レベルを決めなければなりません。引っ込み思案な人はリーダーシップが苦手です。そういう人に管理職を命じても困惑し不安になり退職するかもしれません。人には上記したタイプの他に、このような『キャラクター』が存在します。このキャラクターが職位レベルを決める重要な要因になります。このタイプとキャラクターが適材の要因となり、これを私は『持ち味』と言うようにしています。つまり、持ち味を活かした人員配置が適材適所ということになります。

　この本の中では持ち味の型の全てはご紹介できませんが、その基本となる4

つのタイプと9つのキャラクターに絞ってご紹介します。

　持ち味の診断は従業員から質問に回答していただかなければなりませんが、ここでは質問フォームまでは紹介できませんのでご了承ください。しかし、少ない従業員であれば観察していればどの持ち味（タイプとキャラクター）か、何となく判断できるものです。一読すると「あいつはこの持ち味だな」と頭に自然と浮かんでくるようになるでしょう。意識しながらご覧ください。

　この持ち味の活用は適材適所配置以外にもモチベーション向上のためにも活用します。最近顧問先の管理者から「最近の若い者に対してどのようにコミュニケーションとったらいいか分からない」といった悩みを聞くことがあります。確かに、私も分かりません。しかし、この現象は私が新入社員のときにも上司から言われていたものです（私の時代は「新人類」と言われていました）。こういう場合に相手の持ち味が分かっていれば、問題解消の糸口になるのではないでしょうか。

　また、リモートワークを導入している部署はコミュニケーションそのものが変化しています。対面でのコミュニケーションでは空気感であったり、間というもの、声のトーンや表情などを意識することなく、それを踏まえた自然なコミュニケーションがとれていました。これがリモートワークになるとコミュニケーションにメールやチャット、テレビ会議システムを活用したものになっています。これにより言葉というものが以前にも増して大切になってきます。メールを利用したコミュニケーションが主になることが多くなると思いますが、このときは耳（言葉）からではなくて目（文字）からの情報になるのでニュアンスが全く違ってくると思ってください。この場合、相手に合わせて適した文章を選択しなければなりません。「お願いします」という表現をとっても、「あなたに任せます」と「サポートするのでやってみてください」どちらの文章を選択するかで、相手のモチベーションは変わってきます。使い方を逆にすると文章からは不安を感じ、モチベーションにも連動するのです。さらに、メールの場合は伝えた直後の相手の反応を知ることができませんからなおさらです。そ

うは言っても、適格な表現はわからないものです。ですから、相手の『持ち味を知る』ということは今後益々重要になっていくと思います。

それでは、まず自分のタイプとキャラクターを知りましょう！

次の頁に簡易的に診断できるツールを用意しましたので、診断してみてください。自分のタイプとキャラクターを知った上で、それぞれのタイプ、キャラクターの説明を読まれますと理解が深まります。

$\dfrac{4\,\text{つのタイプ}}{9\,\text{つのキャラクター}}$ 簡易診断

Step 1
タイプを診断します。
各タイプに4つずつ質問がありますので、Yes・Noで答え、Yesの数を記入していきます。

Step 2
キャラクターを診断します。
各キャラクターに4つずつ質問がありますので、Yes・Noで答え、Yesの数を記入していきます。

> 「こうなりたい」という未来ではなく、
> 過去に「自分がどうしてきたか」で選びます。
>
> 善悪や優劣はありません。
>
> 素直に自分に当てはまる方を選びましょう。
> どうしても迷う場合は、第一印象に従うとよいでしょう。

Step 3
Yesの数が最も多いタイプとキャラクターを書き留めておきましょう。

	タイプ

	キャラクター

Step 4
同点がある場合は、本文を読んでみてからまたこの簡易診断をしてみてください。
自己の内面を見つめ、自分に合致する要素が多いものを自分で決めましょう。

Step 1　タイプを診断してみましょう。

計算タイプ

1	検証された技術的スキルが大事	Yes・No
2	冷静で客観性が高い	Yes・No
3	なるべく数字があり論理的に答えを導き出したい	Yes・No
4	非効率なおしゃべりは苦手だ	Yes・No
	Yesの数	

緻密タイプ

1	準備と計画性が大事	Yes・No
2	細かい作業を予定どおり実行する	Yes・No
3	前例がある確立された手順で進めたい	Yes・No
4	実現性に乏しい飛躍したアイデアは苦手だ	Yes・No
	Yesの数	

会話タイプ

1	円滑な人間関係やチームワークが大事	Yes・No
2	温かみがあり共感・傾聴能力が高い	Yes・No
3	相手の意を汲み友好的に接したい	Yes・No
4	事務的で気持ちが伝わらないのは苦手だ	Yes・No
	Yesの数	

発想タイプ

1	全体像を描き方針を打ち出すことが大事	Yes・No
2	自由な時間でアイデアを生む	Yes・No
3	少々リスクがあっても革新的でありたい	Yes・No
4	同じことの繰り返しは苦手だ	Yes・No
	Yesの数	

Step 2　キャラクターを診断してみましょう。

実力統率キャラクター

1	主張を譲らず、物事を断固推し進めたい	Yes・No
2	堂々と自信満々で相手を威圧してしまう	Yes・No
3	難局を打開し、力がある人と思われたい	Yes・No
4	謝ったり弱みを見せるのは嫌だ	Yes・No
	Yesの数	

成果称賛キャラクター

1	テキパキと効率よく、物事を成功させたい	Yes・No
2	競争して勝とうとしてしまう	Yes・No
3	目標を達成し、仕事がデキる人と思われたい	Yes・No
4	地味なポジションで評価されないのは嫌だ	Yes・No
	Yesの数	

楽観肯定キャラクター

1	ワクワクドキドキする新しいものに取り組みたい	Yes・No
2	アレもコレも欲しがってしまう	Yes・No
3	明るくフットワークが軽い、楽しい人と思われたい	Yes・No
4	選択肢がなく制限されるのは嫌だ	Yes・No
	Yesの数	

忠実安全キャラクター

1	多数意見やルールに基づいて責任を果たしたい	Yes・No
2	慎重で権威に頼ってしまう	Yes・No
3	周囲に気を遣う、控えめないい人に思われたい	Yes・No
4	仲間の支えを得られないのは嫌だ	Yes・No
	Yesの数	

愛情献身キャラクター

1	献身的なサポート役で人から喜ばれたい	Yes・No
2	相手のためにしてあげたと思ってしまう	Yes・No
3	愛情あふれる優しい人と思われたい	Yes・No
4	人と気持ちが通じ合えないのは嫌だ	Yes・No

Yes の数

完璧理想キャラクター

1	ミスのないよう細部までチェックし信頼されたい	Yes・No
2	自分に厳しく他人にも厳しくなってしまう	Yes・No
3	公正で節度のあるきちんとした人と思われたい	Yes・No
4	間違いを批判されるのは嫌だ	Yes・No

Yes の数

平穏調和キャラクター

1	急がず慌てずルーティンワークをこなしたい	Yes・No
2	なんでもいいよと相手に合わせてしまう	Yes・No
3	安定感のある穏やかな人と思われたい	Yes・No
4	論争や対立に巻き込まれるのは嫌だ	Yes・No

Yes の数

探求単独キャラクター

1	しっかり情報収集し、論理的・合理的な判断をしたい	Yes・No
2	興味があることに一人で没頭してしまう	Yes・No
3	博識で頭がいい人と思われたい	Yes・No
4	他人に干渉され社交性を求められるのは嫌だ	Yes・No

Yes の数

個性感性キャラクター

1	常識にとらわれず自分なりのユニークな工夫をしたい	Yes・No
2	独自の空想や夢の世界に浸ってしまう	Yes・No
3	他の人にはない独特のセンスがあると思われたい	Yes・No
4	自分らしさを表現できず普通を求められるのは嫌だ	Yes・No

Yes の数

～あなたのタイプは何でしたか？
　　自分の診断結果を頭に入れて読み進めていくと理解が深まります～

持ち味を構成する４つのタイプ

まずは、どのような職務が適しているかを判断する４つのタイプを紹介します。

　タイプとは、言い換えると長所・短所のことです。

　理系の人、几帳面な人、おしゃべりが得意な人、アイデア豊富な人などそれぞれです。几帳面な人は整理整頓が得意という反面、柔軟性に欠けるといった長所と短所が同居しています。

　このタイプの人は細かな事務能力が高いが、企画力や改善プラン考案といったものが低くなります。適している職務は一般事務・経理・総務のようなサービスラインに配置すると、本人にとっても、会社にとっても効率が向上します。また、会話力が高い人は傾向的に計算が苦手です。このような人には営業などの接客の職務は適しますが、財務分析などの職務には不向きといえます。このように従業員の特徴が分かりその特徴を活かせる部署に配置できれば、業務効率は予想以上に上がるものです。

　人にはどのような特徴があるか、代表的な４つのタイプを紹介しますので、顧問先での活用方法をイメージしてください。

計算タイプ

数字に強い反面、コミュニケーションが苦手な傾向があります。

強 み

理路整然としている

数学や統計に強い傾向

金銭感覚が鋭い

物事の矛盾やメリット・デメリットに敏感

現実的・具体的な解決策を打ち出すことに長けている

弱 み

冷たく人間味に欠ける印象

思いやりや人への配慮に欠ける傾向

融通が利かない

権威主義的

命令口調になりがち

適 性

財務計画担当　　　技術マネージャー

エンジニア　　　法務部

情報・データ収集　　　実現可能性を分析する

論理的に是非を判断する　　　論点を明確にする

感情に左右されず合理的な判断を下す

緻密タイプ

　細かな仕事は得意な反面、柔軟性や発想力が乏しい傾向があります。

強 み

経験や実績に基づき、計画を遂行

時間・手順・規律をきちんと守る

堅実・慎重であり組織秩序を維持しようとする

細かい繰り返しの作業ができる

整理整頓が得意

弱 み

ルールを目的化してしまう

自ら仕事をつくろうとしない

指示待ちで積極性に欠ける

創意工夫に乏しい傾向

未来より過去を見ている（「やってみよう」ではなく「前例がない」）

適 性

経理部　　　安全管理

生産管理　　　品質管理

作業フロー立案　　　マニュアル作成

計画を遂行する職務

組織の一員として与えられた範囲を指示通り遂行する

営業であれば既存顧客フォロー（ルート営業）

会話タイプ

　おしゃべりは得意な反面、計算が苦手という傾向があります。

強　み

親しみやすく、共感力・傾聴力に長けている

チームでのコミュニケーションが得意

教える・育てることができる

サービス精神・ホスピタリティ精神が高く、対人能力に優れている

弱　み

管理能力に欠ける

感情や人間関係に肩入れし過ぎる傾向

自分にとって都合の良い解釈をしようとする

公私混同しがち

ウワサ話に花を咲かせる

適　性

接客・接遇　　　　販売

受付窓口　　　　顧客サービス対応

対人サポート　　　テレフォンアポインター

クレーム対応　　　意図を伝達する

対人能力を要する職務　　　営業であれば個人向けや来店型

 **発想タイプ**

　アイデア豊富な反面、細かな作業は苦手という傾向があります。

強　み

斬新なアイデアを試す

デザイン力がある

遊び心がありリスクを恐れない

全体像を描くことができ革新的

ヤマを張り勘をめぐらせるのが得意

弱　み

型破り、常識はずれ

計画性に欠け、ひらめきで場を混乱させることがある

ルールや手順を軽視する傾向

自由時間を最も欲する

適　性

事業戦略立案　　　新規事業考案

組織変革　　　ビジョン策定

新商品開発　　　イベント企画

プレゼンテーション　　　キャッチコピーの考案

デザインなどのクリエイティブな職務

新規開拓営業

〜あなたのキャラクターは何でしたか？
　　自分の診断結果を頭に入れて読み進めていくと理解が深まります〜

持ち味を構成する９つのキャラクター

次に、どのような職位レベルが適しているかを判断する９つのキャラクター
を紹介します。

　人にはそれぞれ、持って生まれたキャラクターというものが存在します。引っ
込み思案な人、人見知りをする人、明るい人、堂々としている人、など様々で
す。私はこれを９つのキャラクターとして９分類するようにしました。キャラ
クターが分かれば職位の任命などがやり易くなります。もし、勤続年数が長い
という理由だけで、内向的なキャラクターの人に新しいチームの取りまとめ役
として職位の長を任命したとしたらどうでしょうか。モチベーションは上がる
でしょうか。おそらくモチベーションは下がるでしょう。それどころか新しい
職務が不安になり、十分な成果を達成することが困難になる可能性があります。
　組織は指示命令と報告により完結します。指示命令の内容に応じてどのキャ
ラクターが適当なのか、スペシャリストとして職務を遂行させるにはのどキャ
ラクターが適当なのか、などそれぞれのキャラクターの特性が分かれば適材適
所の人員配置に活用できます。

　人にはどのような特性があるか、９つのキャラクターを紹介しますので、顧
問先での活用方法をイメージしてください。

⬤ キャラクター 1　実力統率キャラクター

　実力統率キャラクターは、他人に支配され屈服することを恐れます。そのため、自分の足で立ち自分の力で闘いたい、ということにこだわります。

　このキャラクターの絵は、使命感に燃え何者にも立ち向かおうとする堂々とした風格を表しています。威圧感ともいえる存在感があります。

　「受けて立つ！」と好戦的であり、勝敗に執着し実質的な権力を握ろうとするでしょう。大勢の人をまとめ上げるリーダーシップや、リスクをいとわないチャレンジ精神、強い意志と決断力に特に秀でています。自分の力で場や人をコントロールできる状況を好み、自分の主張ははっきりと示し譲ろうとしないでしょう。一方で、人に頼られると支援し守ってあげようとする人情味あふれる面もあります。義侠心に厚く「任せとけ！」という気概は、兄貴・姉御として慕われるでしょう。

　実力統率キャラクターへのモチベーション UP のポイントは、本音で接することです。物事を曖昧にせず、具体的に一貫性を持って率直に話をします。このタイプは思ったことをストレートに表現し怒りや不満も出してきますが、腹を割って話せば尾は引きません。主導権を渡してあげたり、頼りにしていることを示すとやる気になるでしょう。一度納得すれば道義をもって裏切らず、使命感に燃えて事に当たります。周囲へ影響力を与えることで満足感が高まる傾向があります。細かい雑用は好まないでしょう。

　実力統率キャラクターの問題行動は、強引で横暴、物事を力で押し切ろうとするところです。使用者側としては、注意すべきことは断固として注意し妥協しない姿勢をとりましょう。自分で全てを掌握したいという意識があるため、権限移譲の際は、範囲と期待を具体的にはっきりと提示することが肝要です。また、自信に満ちた態度が周囲から怖がられることもあります。実力統率キャラクターの気概・気骨を周囲に知らせるようにすると良いでしょう。

106

成果称賛キャラクター

　成果称賛キャラクターは、自分に値打ちがないことを恐れます。そのため、有能さを発揮し自分の値打ちを認められたい、ということにこだわります。

　このキャラクターの絵は、目標を達成しナンバーワンになり、周りから称賛される様子を表しています。成功者と見られることが重要です。

　何事もテキパキと効率良くこなし、自ら目標を立て精力的に仕事に邁進します。課題を達成し、誰もが認める成功を収めようとするでしょう。競争心が高く、他人が自分をどう見ているかということに関心があります。演出力があり弁も立つため、華やかな目立つ存在となるでしょう。失敗してもあまり落ち込まず、「次は成功しよう！」と未来のチャンスに目が向きます。臨機応変で行動力があり、周囲を鼓舞するリーダーシップに長けています。何事もスピーディーで優柔不断とは対極です。自分が一番でいたいため、優れた人と比較されるのを好みません。裏方の地味な作業も不向きといえます。

　成果称賛キャラクターへのモチベーション UP のポイントは、人前でほめることです。目に見えるイメージが重要なので、表彰したり成果に応じた地位を与えましょう。「すごい！」「さすが！」といった称賛の言葉を日常的にかけるとやる気になります。ただ、結果ばかりを褒めるのではなく、そのプロセスも具体的に評価することで、チームでの功績を視野に入れるようになるでしょう。

　成果称賛キャラクターの問題行動は、見栄えの良さを追求し過ぎる点です。仕事は早いのですが、質より量、上辺を飾る、表面を取り繕おうとする面があります。客観的な事実を示したり、ポジティブな表現で率直に指摘すると良いでしょう。ナンバーワンになろうとするあまりいつの間にか人を踏み台にしてしまうところがあります。使用者側としては、周囲の人への気持ちの配慮を促し、協調性も評価の対象であることを明示しておきましょう。

キャラクター 3　楽観肯定キャラクター

　楽観肯定キャラクターは、束縛され選択肢を奪われることを恐れます。そのため、自分自身が満足し幸せでいたい、ということにこだわります。

　このキャラクターの絵は、何よりも楽しいことが一番で元気でフットワークが軽く、周りに明るく陽気な雰囲気をもたらすことを表しています。

　ワクワクドキドキ新しくて刺激的なものが大好き、好奇心旺盛で、社交性・外向性に富みます。アイデアを盛り込んだ楽しい計画を立てることに意欲を見せるでしょう。何事も楽観的で前向き、苦痛をすり抜け逃げ道を探し、暗く厳しい雰囲気を避けようとするでしょう。笑顔が多く第一印象が良いため、友人知人も多い傾向です。ノリが良く柔軟性があり、大舞台などでもあまり緊張せず振る舞うことができるでしょう。退屈な繰り返しの作業や、綿密で忍耐の必要な長期プロジェクトには不向きといえます。見込みが甘く安請け合いをしてしまったり、日常生活がルーズになる傾向があります。

　楽観肯定キャラクターへのモチベーション UP のポイントは、目の前にニンジンをぶら下げることです。仕事は楽しいことばかりというわけにはいきませんが、その中にもこんな楽しさがあるよ、成し遂げたらこんなご褒美があるよ、ということを伝えます。条件や範囲を明示した中で、自由にやっていいよと選択肢を与えましょう。

　楽観肯定キャラクターの問題行動は、辛い現実から逃げ、重大なことを見過ごす軽率さです。思いつきの行動が多く何かと口をはさむ割に、興味が薄れるとフォローを怠り次の関心事へと向かいます。使用者側としては、最初に重要点や優先順位、目標を明示しましょう。また、時間や約束事などを自分の都合ですぐに変更したり、巧みな言い訳でその場を切り抜けようとするところもあります。ケジメ・信用の大切さも、折にふれて（長時間の叱責ではなく）前向きな言葉で伝えましょう。

束縛され選択肢を奪われる
ことを恐れている

だから

「満足し幸せでいたい」
ということに、こだわる

楽しくて刺激的
元気

社交的・外交的
人と人とを繋げる

楽しい計画を立てる
新しいことに着手
貪欲

フットワークが軽い
行動的

自分が楽しくいられる

楽しくない
暗く厳しい雰囲気

深く考えたくない

楽観肯定

地味
地道な努力

選択肢がなく
決めつけられる

自由を制限される
逃げられない

コミュニケーションの取り方

楽しいから
やってみよう♪

調子いいね！

次いってみよう♪

モチベーションUP
のヒント

「できたら
○○があるよ！」
（ニンジンをぶら下げる）

目の前に
ニンジンを
ぶら下げる

常に明るい雰囲気

＜問題行動＞
辛いことから逃げ、軽率

忠実安全キャラクター

忠実安全キャラクターは、支えを得られず見捨てられることを恐れます。そのため、安全で支援を得たい、ということにこだわります。

このキャラクターの絵は、和を重んじ仲間同士の協力によって安全を確保したい様子を表しています。属する組織への忠誠心が高く、誠実で温厚です。

責任感が強く堅実で、優しく控えめな印象です。自分より周囲を優先し、思いやりがあり協調性に富みます。法律や規則、大きな集団など権威的なものに従順な反面、不信感を持つと反権威主義的な立場をとり時に反抗的な態度に出ることがあります。指示内容を実直に処理することに長けており、ルールや基準が明確であることが重要です。一致団結し絆を大切にするので、チームプレイが求められるプロジェクトにも適性があります。ハイリスクで実験的な事柄や、自己判断で機転を利かせないといけない状況では力を発揮しにくいでしょう。

忠実安全キャラクターへのモチベーション UP のポイントは、いつでも支援するよという姿勢を示すことです。「相談にのるよ」「一緒に頑張ろう」と声をかけ、不安を払拭してあげましょう。課された範囲で忠実に責任果たそうとするこのキャラクターは、プレッシャーは奮起する材料ではなく過度なストレスとなります。安心安全な状況を作ってあげましょう。

忠実安全キャラクターの問題行動は、警戒心が強いことから優柔不断になったり他人に依存的になる点です。使用者側としては、頻繁に「大丈夫だよ」というサインを出し、いつでも支援するという姿勢を示しましょう。自分の立場が安全であることに敏感なこのキャラクターは、長い物に巻かれたり、石橋は叩いても渡らないくらいの保守派です。準備をするゆとりを与えてあげたり、最終的な責任はこちらにあるということを示すと良いでしょう。「守ってもらいたい」と思う反面、「守ってもらえないんじゃないか」と疑念を抱くと反抗的な態度になることがあります。常に味方の姿勢で安心感を与えましょう。

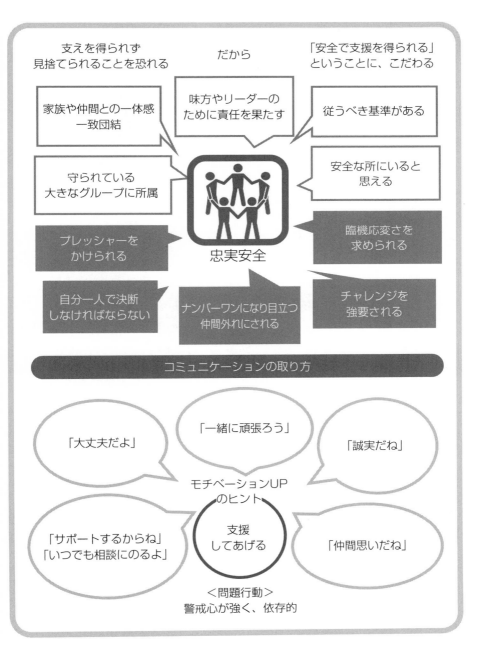

支えを得られず
見捨てられることを恐れる

だから

「安全で支援を得られる」
ということに、こだわる

家族や仲間との一体感
一致団結

味方やリーダーの
ために責任を果たす

従うべき基準がある

守られている
大きなグループに所属

安全な所にいると
思える

プレッシャーを
かけられる

臨機応変さを
求められる

忠実安全

自分一人で決断
しなければならない

ナンバーワンになり目立つ
仲間外れにされる

チャレンジを
強要される

コミュニケーションの取り方

「大丈夫だよ」

「一緒に頑張ろう」

「誠実だね」

モチベーションUP
のヒント

支援
してあげる

「サポートするからね」
「いつでも相談にのるよ」

「仲間思いだね」

＜問題行動＞
警戒心が強く、依存的

キャラクター5 愛情献身キャラクター

愛情献身キャラクターは、必要とされず愛されないことを恐れます。そのため、人から愛され、役に立ちたいということにこだわります。

このキャラクターの絵は、大きなハートが特徴的です。一般的な良いイメージのとおり溢れんばかりの愛情を献身的に捧げます。一方で自分の愛情を相手に押し付ける面もあります。

愛情深くとても親切で、自分を犠牲にしてでも人を助けることに喜びを感じます。相手の気持ちを汲み取り、感情表現が豊かで気配りができます。コミュニケーション能力が高く、常に人と関わっておきたい性分です。気前がよくサービス精神旺盛で、人をサポートすることを好みます。人間関係が最大の関心事であるため、一人で長時間機械や書類のみを相手にするのは苦痛を伴うでしょう。

愛情献身キャラクターへのモチベーションUPのポイントは、とにかく感謝を伝えることです。「ありがとう」「助かってるよ」「あなたのおかげ」と、人に貢献していることを耳に聞こえ、目に見える形で示します。ちょっとしたプレゼントをすることも有効です（本人も人にプレゼントしてあげて喜ばれることを好みます）。目標に効率的に向かわせるには、自分の能力を高めると「誰が喜んでくれるか」「どんな人助けになるか」を具体的に想像させリスト化すると良いでしょう。

愛情献身キャラクターの問題行動は、愛情に見返りを求める点です。感謝されないと自尊心が傷つけられたように感じ、陰口やゴシップという形になって表れることもあるでしょう。人への関心が強く、相手にとってはおせっかいと思われることもあるでしょう。使用者側としては、顧客サービスなど人の役に立てる環境に配置してあげましょう。人から頼まれたことを同情的に何でも引き受けてしまうところがあり、しかもその状況を察してほしいと思うところがあります。一人で抱え込み過ぎないよう、都度仕事量を配慮してあげましょう。

必要とされず
愛されないことを恐れる

だから

「愛される」
ということに、こだわる

心が通じ合う
慈愛

貢献している
奉仕活動

気配り
プレゼントしてあげる

人の役に立ちたい
人をケアする

自分は愛されている
と思える

人から好かれない

愛情献身

気を利かせたつもりが
余計なことに思われる

誰もかまってくれない

感謝されない
当たり前という態度を
とられる

話し相手がいない

コミュニケーションの取り方

「困ってるんだ」
「手伝ってくれる？」

「あなたが
必要だ」

「あなたが
いないとダメ」

モチベーションUP
のヒント

「ありがとう」
「助かってるよ」

感謝を伝える

「あなたのおかげ」

＜問題行動＞
愛情の見返りを求める

115

キャラクター 6 完璧理想キャラクター

　完璧理想キャラクターは、よこしま（邪）で不完全であることを恐れます。そのため、正しくありたいということにこだわります。

　このキャラクターの絵は、隅々まで行き届いているかチェックする様子を表しています。何事も完璧で、自制心をもって公正かつ倫理的であろうと労を惜しみません。

　あるべき姿・より良い状態を実現しようと、責任感と向上心を持ち改善改革していこうとします。几帳面で秩序を乱しません。礼儀正しく良識があり、きちんとした人という印象です。完璧な状態を目指して少しの欠点にも目が行き、それをなくすために時間を費やすことがあります。精度が高く厳密で、軽率な回答はしないでしょう。時間や約束を守り自分に厳しいですが、他人にも厳しい面があります。親しみや温かみはあまり感じられませんが、正義感が強く自分を律します。

　完璧理想キャラクターのモチベーション UP のポイントは、高い理想へ向け一生懸命に努力するプロセスを承認することです。逆に「適当でいい」「今すぐ」など、求められる仕上がりの状態が不明確だと、手のつけようがなくなります。「信頼している」「あなたに任せたら間違いない」と根拠を示すとよいでしょう。私利私欲に偏らず公正で誠実な彼らには、礼節を持って接しましょう。

　完璧理想キャラクターの問題行動は、細部までチェックすることに時間をかけ過ぎ、完璧でない部分を正そうと批判的になる点です。真面目で近寄りがたい雰囲気は、「〜ねばならない」という義務感によるものです。使用者側としては、ふと肩の力を抜いてもらうよう親身な軽口をたたいてあげることも有効です。考えを指摘する際は、一旦 YES で受け止めてから、他の見方があることを提案しましょう。元々計画性が高いので、全体像や目的を適宜示し、時間配分や優先順位を思い出してもらいましょう。

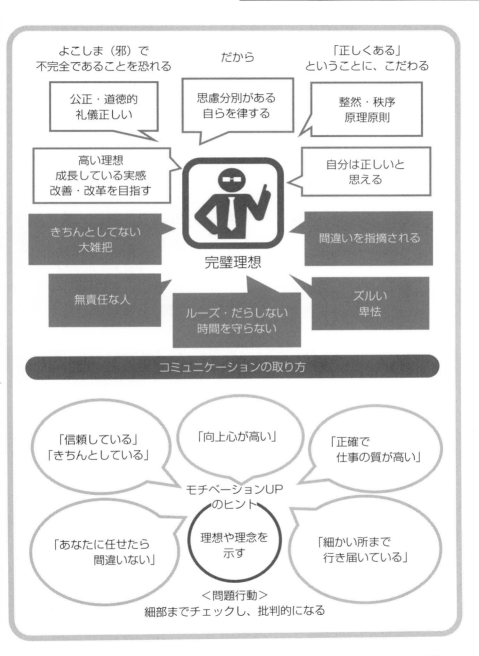

よこしま（邪）で
不完全であることを恐れる

だから

「正しくある」
ということに、こだわる

公正・道徳的
礼儀正しい

思慮分別がある
自らを律する

整然・秩序
原理原則

高い理想
成長している実感
改善・改革を目指す

自分は正しいと
思える

きちんとしてない
大雑把

間違いを指摘される

完璧理想

無責任な人

ルーズ・だらしない
時間を守らない

ズルい
卑怯

コミュニケーションの取り方

「信頼している」
「きちんとしている」

「向上心が高い」

「正確で
仕事の質が高い」

モチベーションUP
のヒント

「あなたに任せたら
間違いない」

理想や理念を
示す

「細かい所まで
行き届いている」

＜問題行動＞
細部までチェックし、批判的になる

117

| キャラクター 7 | 平穏調和キャラクター |

平穏調和キャラクターは、つながりを喪失し一体感がなくなることを恐れます。そのため、心の平穏を得たいということにこだわります。

このキャラクターの絵は、争いを好まず、平和と調和の中で、自己主張をせず周囲と仲良くやっていきたい様子が描かれています。

何事にも慌てず、寛大で包容力があります。気取らず温和な雰囲気で、場を和やかにするでしょう。偏見が少なく誰とでも仲良くできるので、対立する者同士を仲裁する役となることができます。情緒が安定していて人当たりがよく、人の悪口を言わず傾聴する姿勢があります。いつもと同じ・みんなと同じ状態を好み、協調性が高く忍耐力もあります。安定した待遇の中で、縁の下の力持ちとして貢献するでしょう。先進性や独創性には欠ける傾向があります。ノルマを課して競争させることにも不向きでしょう。

平穏調和キャラクターのモチベーション UP のポイントは、気長に接することです。期限を設定しつつも、進捗状況を確認したり励ましたりしましょう。落ち着いた場所で自分のゆったりしたペースで仕事を進められる環境を好みます。周囲に溶け込み目立たずとも役に立つ存在である状態を、居心地よく感じます。慣れ親しんだものを好むので「今までどおりでいい」「ここに居ていい」という安心感を与えてあげましょう。

平穏調和キャラクターの問題行動は、変化を避け新しいことを始めるのは腰が重い点です。即断即決やプレッシャーをかけられるのは苦手で、自発的な行動は望めません。また、他人に同調し自分の主張をしない様子は、覇気がなく怠惰に思えることもあるでしょう。使用者側としては、リーダーシップを求めることは得策ではありません。改善改革を要する場合は、彼らと話し合い理解が浸透するのを待ちましょう。目まぐるしい変化には対応しにくいため、ゆっくり考えてもらう時間を与えましょう。

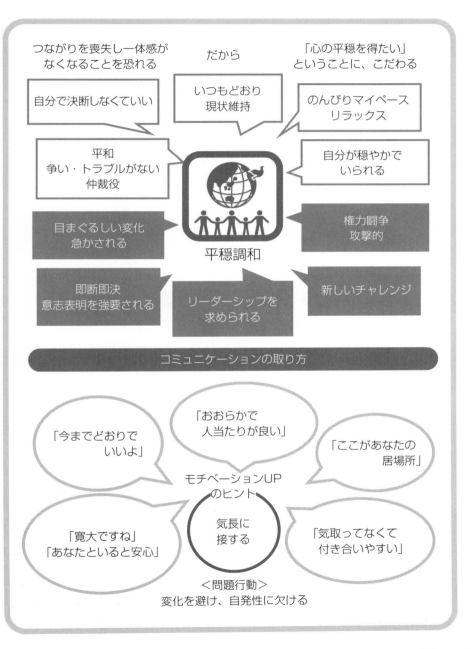

キャラクター 8 探求単独キャラクター

　探求単独キャラクターは、無能で他から圧倒されることを恐れます。そのため、有能で世界を理解したいということにこだわります。

　このキャラクターの絵は、探求心が旺盛で自分が好きな分野を観察・分析し専門性を高めようとしている様子です。1人で集中できる環境を好み、人間関係は煩わしいと思う傾向があります。

　物事がどうなっているのか調べ、論理的に分析することに時間をかけます。理解力が高く事実を重視し、全体を俯瞰しようとします。現状を的確に把握し冷静な判断をします。客観的で合理的な筋道をつけますが、周りとの情報共有には消極的でしょう。知識や情報、エネルギーを蓄積しあまり表に出そうとはせず、何事も節約倹約志向です。他人とは一歩距離をおき、プライバシーが侵害されることを非常に不快に感じます。自立していて1人を楽しむことができます。自分が主導権を握るより、業務の責任をはっきりと説明し他者に権限を委譲することができるでしょう。

　探求単独キャラクターのモチベーションUPのポイントは、「博識だ」「詳しいね」と、専門的知識を高く評価することです。誰からも干渉・中断されず1つの事柄に没頭できる環境を整えてあげましょう。論理的に業務の必要性や手順を説明すれば、感情のもつれで仕事が滞ることはまずありません。大げさに持ち上げるよりも、冷静で頭が良いとサラッと褒める方が良いでしょう。

　探求単独キャラクターの問題行動は、理屈っぽく非社交的な点です。自分自身の感情を表現することも、人の気持ちを汲むということも不得手です。最初からグイグイ踏込まず、気持ちのやり取りをする際には冷静に、メールやメモの方が良い場合もあるでしょう。使用者側としては、チームワークや対人能力を要する仕事より、データ分析や管理など個人で進められる仕事を割り当てます。情報共有のメリット・デメリットは具体的に示しましょう。

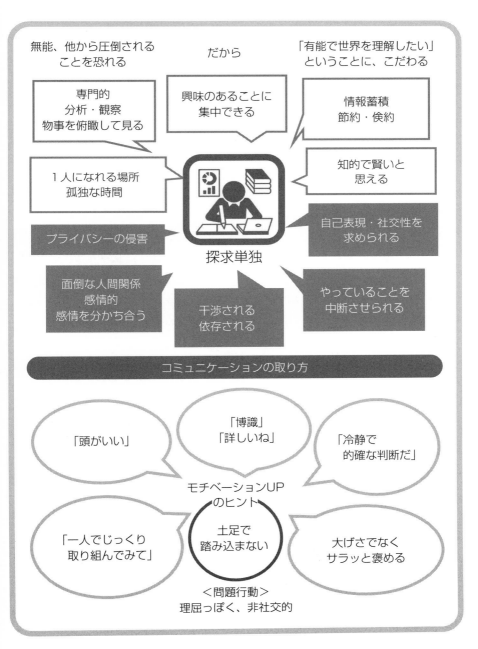

無能、他から圧倒される
ことを恐れる

だから

「有能で世界を理解したい」
ということに、こだわる

専門的
分析・観察
物事を俯瞰して見る

興味のあることに
集中できる

情報蓄積
節約・倹約

1人になれる場所
孤独な時間

知的で賢いと
思える

プライバシーの侵害

自己表現・社交性を
求められる

探求単独

面倒な人間関係
感情的
感情を分かち合う

干渉される
依存される

やっていることを
中断させられる

コミュニケーションの取り方

「頭がいい」

「博識」
「詳しいね」

「冷静で
的確な判断だ」

モチベーションUP
のヒント

「一人でじっくり
取り組んでみて」

土足で
踏み込まない

大げさでなく
サラッと褒める

＜問題行動＞
理屈っぽく、非社交的

キャラクター 9 個性感性キャラクター

　個性感性キャラクターは、存在意義がなく取るに足らない存在になることを恐れます。そのため、特別な存在になりたいということにこだわります。

　このキャラクターの絵は、見てのとおりの画家つまりアーティストです。感受性に富み、自己表現に心を砕きます。とても繊細で美意識が高く、シャイな一面があります。斬新で洗練されたものを創出し、大衆的・世俗的なものはあまり支持したくないでしょう。

　独自の世界観で創作活動ができる環境を望み、想像力が豊かです。感情の機微に敏感で、人の痛みがわかり共感能力が高いでしょう。他の人とは違う特別な自分でいたいのに、他の人から理解されないことを悩んでいたりします。個性を発揮し月並みではない発想力があり、時にカリスマ的存在になることもあります。独自の世界観、深い人生観を持ち、常に「自分がどう感じるか」と自分に問いかけています。

　個性感性キャラクターのモチベーション UP のポイントは、特別扱いをしてあげることです。ナンバーワンではなくオンリーワンでいたい性分なので、斬新な取り組みや独自の発想を承認しましょう。他の人とは違うと思えることが重要です。「変わってますね」という言葉が誉め言葉になり得ます。独自の美意識で新しいものを生み出す力があるので、感性の高さやセンスの良さを認めてあげましょう。

　個性感性キャラクターの問題行動は、感情の深遠を心の奥深くで味わうため、悲観的で感情の起伏が激しい点です。過去の傷を思い出しては悲劇のヒロインになり、周りは腫れ物に触るように接することになります。また、集団行動や画一的な作業は苦手です。当たり前の作業にもアレンジを加え、普通・平凡・常識ではいたくないでしょう。使用者側としては、皆と同じであることを強いるより、持ち前のユニークなアイデアやデザイン力を活かせる配置をしましょう。

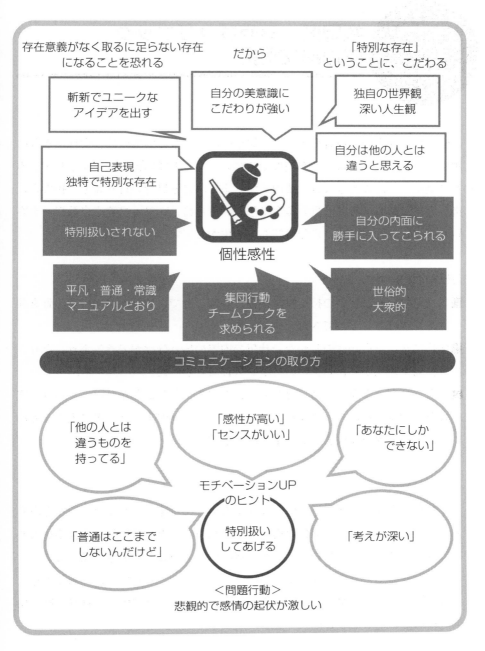

福岡県　みやびクリニック
矢加部文院長

　開業以来安定的に患者様が増加し健全に経営できているのは、女性ばかりの
職場でも私が全員の持ち味を把握できていたので人間関係に振り回されず、本
業に集中できたことも大きな要因です。また、自分自身の持ち味も把握でき、
自分を見つめ直すとても良い機会でした。さらに、スタッフ達も自分自身を客
観的に知ることができ、自分の持ち味を生かしているようです。

〈具体的な3つのメリット〉

■スタッフ一人ひとりの持ち味が把握できることで、それぞれの得意分野を伸
　ばしてあげることができた。

■性格に合った声かけのしかた、仕事の内容の振り分けができるようになり、
　業務効率が上がり、お互いのストレス軽減となった。

■スタッフができないことに対しても、不向きであることが分かっていれば寛
　大な目で見られるようになった（リーダーシップが不向きな者に人をまとめ
　るような無理な要求をしないようになる等）。

〈著者のひとこと〉

　こちらのクリニックは早くからミライ人事の持ち味コンサルティングを取り
入れており、非常に人間関係が円満です。院長の目指す医療理念を従業員も共
有できており、それぞれの職務が患者様の役に立つことを実感し働くモチベー
ションとなっています。ミライ人事のモチベーション調査では、80％を大きく
上回る極めて高い数値となり、開業以来一貫して低い離職率は、良好な職場環
境の結果といえるでしょう。

第 7 章

ハラスメント防止対策

1 予防と解決

　最近○○ハラという言葉をよく耳にするようになりました。この章ではハラスメントについて考えてみたいと思います。ハラスメントを直訳すれば「いやがらせ」です。法律としてもこの分野は整備され、今ではハラスメント対策は事業主の責任を通り越して義務となってきました。この義務は大企業に対するものではなく、労働者を雇用しているすべての事業主に課せられます。アルバイトを1人雇用している小さな店主であっても対象です。知らなかったという結果で損失が生じないように、顧問としては最低限の対策は講じておきましょう。

　ハラスメントが社内に起きた場合の最大の損失は何でしょう。それは離職です。会社にとって離職率が高いということがどれほどの痛手か。まず、退社・入社にともなう引継ぎ業務が発生します。正社員であれば退職金を払わなければならないケースがあります。退職者が出たあと新規採用できるまでの期間に、上げられたはずの売上がなくなります。新規採用に伴い、募集広告費、書類選抜面接コスト、既存従業員の配置転換・昇進コスト、オリエンテーションや研修コスト、指導者ができる通常業務が減る、仕事ができるようになるまでの数カ月から数年は投資と、ここまででも退職コスト、採用コスト、教育コストが膨大にかかります。さらに、企業独自のノウハウや技術の蓄積・伝承がしにくくなり、生産性が低下します。「また人が辞めた」「自分たちは我慢している」と、残っている従業員の士気が低下します。雇用管理上事業主が必要な措置を怠り、行政指導・勧告に従わなかった場合には公表されます。ブラック企業だという企業イメージも低下すると、取引先が離れる恐れもあります。これが繰り返されれば構造的にキャッシュフローも悪化します。ハラスメント行為を行った当事者は不法行為責任、会社は使用者責任あるいは債務不履行責任を問われる場合があります。世論を重視し法的責任が厳正・厳罰になることもあるでしょう。さらに、訴訟などによる損害賠償などの金銭的負担が発生すること

もあります。

　従業員の心理的負担が経営上の実質的損失へ直結することは間違いありません。私は約10年前にハラスメントの早期発見のためのクラウドシステムを開発し、運営してきました。ハラスメント受付窓口とアンケート機能があるシステムです。延べ4,000人以上に実施してきた調査結果の一例で、100人未満の従業員が働いている会社の場合を紹介します。①自分が被害者である、②被害者を見た、③聞いたことがある、④ないの4つの選択肢のアンケートを実施すると、その結果は①〜③のパワハラがあると回答した割合は約14％、①〜③のセクハラがあると回答した割合は約4％でした。この調査で分かったことは、ハラスメントが全くない職場はほぼないということです。従業員規模にもよりますが、例えば100人未満の従業員が働いている会社において、全てのハラスメントが0件というアンケート結果には違和感があります。全くないとの回答にはアンケートに対する上司からの圧力が働いた、と疑うことも必要だと思います。実際に私がゼロ回答の顧問先を調査したところ、圧力の事実があったケースがほとんどでした。これはハラスメント受付窓口があったから発見できたことです。なんらかのハラスメントは職場内に存在している、という視点を持つようにしてください。意識や認知度は年々上がっており、ますます顕在化していくでしょう。これをゼロにするという思考ではなく、意識を高めて発生を予防するにはどうすればいいかという思考を持つことです。

　顧問がすべき対策は予防です。ここで重要なことは、ハラスメントが起きてしまった後の「解決」と分けて考えることです。起きてしまった後の処分の程度や、労働審判、訴訟対応、労働組合対応などは弁護士等の専門家に任せましょう。事実を連携できるバックアップ体制を顧問先に提供することです。顧問がすべき目的は「解決」ではなく、ハラスメントが起きにくい職場環境の構築、つまり「予防」です。人間に例えるならば病気にならないよう、健康管理と早期発見をすることです。そのためには定期的に健康診断を行い、悪い数値のところを早期に発見し、病気になる前にその治療、つまり対策を行います。

顧問の性としては、問題解決という思考がどうしても働いてしまいます。ハラスメントに対する顧問の在り方は、顧問弁護士以外の顧問の方は解決方法を考えるのではなく、仕組みを考えること、そしてハラスメントの事実を発見したときは事業主と一緒に検討するというスタンスでいるということです。そうしないと仕事として受けることができなくなってしまいます。実際に私もハラスメント受付のサービスを開始するにあたって躊躇した経験があります。従業員の方々の顔もわからないのにどうやって問題を解決するか、という思考に陥っていたからです。しかし、実際に10年ほど取り組んで分かったことは、会社が知りたいのは解決方法ではなくハラスメントの事実を見つけて欲しいということ。事実を発見できれば、解決方法は会社の方がその歴史の中である程度把握されています。顧問としては、その補強として、トップによる宣言を促したり、ルールの明文化のためにハラスメントの別規程やハンドブックを作成したり、研修などを提案していきます。研修については、事業計画の年間予算の中に例えば人件費の１％を盛り込むなどが有効でしょう。

　厚生労働省の「平成28年度職場のパワーハラスメントに関する実態調査」によれば、従業員向け相談窓口で受け付けるテーマで、最も多いのはパワハラについてです。1,000人以上の大企業において相談窓口を設置していない割合は１％ですが、99人以下の中小企業では54.2％にも上ります。また、パワハラを受けたと感じた従業員のその後の行動では、大企業では「会社関係に相談した」が24.4％で最も多いのに対して、中小企業では「会社とは関係のないところに相談した」が28.7％で最も多くなっています。つまり、パワハラ防止対策に窓口すら設置できていない中小企業では、パワハラの実態が把握できず、発見すらできず、エスカレートすれば先述したような離職につながる可能性も十分にあるのです。しかし、パワハラ対策に積極的に取り組んでいる企業では、パワハラを受けたと感じる従業員のその後の行動は、「会社関係に相談した」が31.2％で最も多くなります。まずは情報を収集できる窓口を設置することが急務といえるでしょう。

2　ハラスメントの基礎知識

　セクハラに関してはすでに2007年より企業の対策が義務化され、パワハラに関しては労働施策総合推進法の改正が、大企業は2020年6月より施行されています。中小企業は2年遅れて2022年からの予定でそれまでは努力義務ですが、今後は会社にとって職場環境整備の観点からも対策が必要なってきます。

　二大ハラスメントであるセクハラとパワハラについて、明確な定義を確認しておきましょう。ここはしっかり抑えておきたいところです。まずセクハラですが、その行為は男性から女性のみならず、その逆や同性同士、性的マイノリティの方など誰でも対象になり得ます。具体的には次の3つを全て満たすとセクハラになります。

①職場において行われていること

②労働者の意に反すること

③性的な言動により、労働者が労働条件について不利益を受けたり、就業環境が害されること。

　①の職場とは、労働者が通常働いているところはもちろんのこと、出張先や実質的に職務の延長と考えられるような宴会なども職場に該当します。

　②の労働者とは、正社員だけではなく、契約社員、パートタイム労働者など、契約期間や労働時間にかかわらず、事業主が雇用するすべての労働者です。また、派遣労働者については、派遣労働者のみならず、派遣先労働者のみならず、派遣先事業主も、自ら雇用する労働者と同様に取り扱う必要があります。

　③の性的な言動とは、性的な内容の発言や性的な行動のことをいいます。

　また、セクハラは対価型と環境型という2類型に分けられます。対価型は性的要求を断ったら降格や配置転換などの労働条件の不利益を被ることです。環境型は、性的な噂を流されたり卑猥な写真を見せられるなどにより、就業意欲が低下することです。

次はパワハラについての定義です。具体的には次の３つを全て満たすとパワハラになります。

　①職務上の地位や人間関係などの職場内での優位性が背景になっていること
　②業務の適正な範囲を超えていること
　③精神的・身体的苦痛を与える又は職場環境を悪化させていること

　①の職場での優位性についてですが、セクハラと同じように誰でも対象になり得ます。上司から部下のみならず、先輩・後輩間や同僚間、さらには部下から上司に対して行われるものもあります。「職場内での優位性」には、「職務上の地位」に限らず、人間関係や専門知識、経験などの様々な優位性が含まれます。

　②の業務の適正な範囲についてですが、この点が一番質問が多いところです。指導とパワハラの境界線はどこになるのでしょう。業務上の必要な指示や注意・指導を不満に感じたりする場合でも、業務上の適正な範囲で行われている場合には、パワハラに当たりません。例えば、上司は自らの職位・職能に応じて権限を発揮し、業務上の指揮監督や教育指導を行い、上司としての役割を遂行することが求められます。職場のパワハラ対策は、そのような上司の適正な指導を妨げるものではなく、各職場で、何が業務の適正な範囲で、何がそうでないのか、その範囲を明確にする取組みを行うことによって、適正な指導をサポートするものでなければなりません（これらの業務範囲を構築するのもハラスメントのコンサルティングメニューの１つになります）。これら①と②の影響により③の職場環境の悪化という状態になれば、パワハラだということになります。

　ところで、なぜハラスメントをする人がいるのでしょうか。人が不正行為をする際の３つの要素についてまとめた、米国の組織犯罪学者　ドナルド・R・クレッシー氏による「不正のトライアングル」という理論を紹介します。３つ

の要素が揃った時に不正は発生すると考えられています。1つ目は動機を持っていることです。借金や会社への不満、ノルマなどの過度のプレッシャーがあることです。2つ目は機会があることです。一人が何役もこなしている、広すぎる権限を持っている、漏れにくい密室である、監督がいない、などです。3つ目は自分を正当化することです。これくらい当たり前だ、会社のためにやっているのだ、自分の評価は低すぎる、見つからない会社のしくみが悪い、など自分に都合のよい解釈をすることです。この3つが揃うと、人は不正な行動であると認識していても不正の行為者になるといえます。

　しかし、実はここに重大な落とし穴があります。パワハラ行為者の実に54%は無自覚だということです。つまり、自分の言動が相手にとってはハラスメントになっていると全く気づいていないのです。なお、加害者と被害者の言い分が食い違うことはよくあるため、あえて行為者という表現をします。問題提起に戻りましょう。なぜハラスメント行為者になるのか。本人はよかれと思ってやっていることも往々にしてあるからです。パワハラを起こす可能性がある人の一例を挙げます。①自己肯定力が高く・②ポジティブ思考が強く・③対人共感力が低いことです。つまり、「自分ならやれる！」と困難な状況でも奮起し、高い目標に対しても弱気にならず、「そんなの無理です」と言う周囲に同調せず行動できる人です。これは、リーダーシップを発揮できる組織に必要な人材ともいえます。また、パワハラが起こりやすい職場は、上司と部下のコミュニケーションが少ないのが特徴です。自分の価値観を相手に押しつけたり、相手の言い分に聞く耳を持たなければ、もちろんコミュニケーションは希薄になるでしょう。

　持ち味コンサルティングの章でも見てきたように、人はいろいろな特徴を持っていますがそれは表裏一体ともいえます。各人の持ち味をお互いに理解することも大事になってくるでしょう。

3 ハラスメント防止対策

　では、顧問として会社に具体的にどんな助言をし、何を提供すればいいのでしょうか。法制化にともない、会社はパワハラを防止する取り組みを実施しなさいという義務が発生します。この取り組みとは、ハラスメントに対し会社として適切に対応しなさいというものです。しかし、適切とは曖昧な言語です。よってハラスメント対策における適切な共通言語ができたと考えてください。その適切な共通言語とは、体制を整備することとされています。

【具体的には】

　①相談窓口を設置する

　②アンケート調査などの体制を整備する

　③会社の方針を宣言し周知する

　④ルールを明文化する

　⑤正しい知識を習得させる

　⑥再発防止策を講じる（処分や研修受講など）

　どうでしょう、これをご覧になるとそんなに難しいことではないと思います。私の経験から申し上げますと、一番難しいのは事実発見と実態調査です。社内で生じたことを社内の人間に伝えるわけですから、匿名性もなくなりますし、担当者によっては信用性の問題が生じます。担当者が加害者の場合もありますし、中小企業では社長が自ら担当者にならざるを得ないこともあります。社内だけではなく社外に受付窓口を置くことでプライバシーを守る必要があります。そこで、守秘義務をお持ちの士業の顧問の方は是非社外の受付窓口になっていただきたいのです。受付窓口ですから前述したとおり解決を要求するものではない、あくまで早期発見をお手伝いするところ、予防の手段、それが受付窓口であると考えましょう。相談窓口の設置は士業の制約があるので、情報収集を行う受付窓口という形が良いと思います。まずは行動に移しましょう。

顧問がすべきこと

あり方

予防するための仕組みをつくる。
事業主に予防の重要性を理解させるようにすることが重要である。

行動その1

ハラスメントの事実を発見するためには、社外の受付窓口設置は
有効である。この認識が重要である。

行動その2

予防に際し、従業員全員にハラスメントの正しい基本的知識を習得
させる。
時間がなければ、リーフレットを作成し配布するだけでも効果的で
ある。

行動その3

ハラスメント発見後の行動は事実かどうかを確認する。この確認
は顧問先に任せること。

行動その4

顧問としてお手伝いをするのであれば、オブザーバーに徹するこ
と（事実を明確にするサポート役に徹する）。あくまで経営者の
アシスタントの立場をとること。

行動その5

解決（相談）に関しては、ハラスメントに詳しい弁護士に相談
すること。この体制（仕組）を顧問先に提案すること。

次の事例はハラスメントになるか考えてみましょう。

あなたの職場で以下のことが起こりました。これらのことはセクハラやパワハラなど問題となる出来事でしょうか？　チェックしてみてください。

判定方法：問題あり⇒×　　微妙⇒△　　問題なし⇒○

Q1

休憩中に「AくんとBさんが付き合っているらしい」という噂話をする上司。

Q2

上司から「5キロくらい痩せれば？」といつも冗談交じりに言われる。

Q3

飲み会の席でアルコールが苦手なC君に向かって、課長が酒を進めながら「よくそんなので仕事が務まるな」と言っている。C君は下を向いている。

Q4

業務中、上司から会議室に呼ばれ、「言いにくいんだけど、少し香水がきついんじゃないかってみんな言ってるんだけど……」と言われた。

Q5

業務報告をしている最中、上司は渡した資料も見ず、パソコンに向かったまま私とはろくに視線も合わさない。このようなことが多い。

Q6

飲み会が始まる前に店長が全員の前で「女性が隣の男性にお酌をしてあげてね」と言っていた。

Q7

業務中、事務所のパソコンで業務と関係ないサイトを度々見ている D 係長を課長が何度注意しても行為は収まらず、別室に呼び出し厳しく叱責し、指導した。

Q8

自分の業務終了後、帰る前に休憩室に立ち寄ったら、上司から「コンビニで缶コーヒーを買ってきて」と頼まれた。

Q9

主任は女性の部下のことを親しみを込めて「○○ちゃん」と呼んでいる。

Q10

E さんが始業時刻に10分ほど遅刻してきたとき、朝礼の際に、係長は、「E さんは遅刻してきたが、社会人としてなっていない」などとみんなの前で遅刻を非難した。

Q11

ミスを報告したところ、課長から「しばらく待っておけ」と言われ、業務が終わって 1 時間ほど待たされた後、指導を受けた。

Q12

「俺が若かったころはもっと厳しかったぞ。でも必死に頑張ってついていったものだ。それに比べて最近の奴は……」が口癖の上司。

Q13

係長は人の好き嫌いがひどく、好きな人には優しく注意するだけだが、嫌いな人には厳しく怒る。

Q14

Ｆさんがミスしたときに課長は、なぜミスをしたのか、今後ミスしないように改善策をとるかについてＡ４用紙10枚分の反省文を書かせていた。

Q15

女性社員のＧさんは、新人のＨくんに対して仕事を親切に教え、親睦を深めるためにＨくんを食事に誘い、２人で食事をした。

解　答

Q1

休憩中に「AくんとBさんが付き合っているらしい」という噂話をする上司。

　誰と誰が交際しているとか、誰と誰が将来的に交際しそうだと噂することはセクハラになります。噂をしている人は楽しいかもしれませんが、噂される側は不快な気持ちになりますのでいわゆる「環境型セクハラ」になります。他には、例えば「不倫している」や「異性関係が派手」などの噂をすることは、当事者の名誉が汚されるため、これらはもっと悪質なセクハラ行為となります。

Q2

上司から「5キロくらい痩せれば？」といつも冗談交じりに言われる。

　基本的に容姿について話すことはセクハラ該当します。

　容姿について当事者が気にしている場合、感情を害してしまう可能性があるからです。例え仲が良いと思う相手であって、冗談だとしても注意した方がよいでしょう。

Q3

飲み会の席でアルコールが苦手なC君に向かって、課長が酒を進めながら「よくそんなので仕事が務まるな」と言っている。C君は下を向いている。

　一概にこの発言でパワハラになるとは限りませんが、いい発言ではないでしょう。というのも、「アルコールハラスメント」という言葉が世間的に使われ始めました。これはパワハラから派生した言葉ですが、大学生の一気飲みによる死亡事件により一般的に広まりました。

法律で定められているわけではありませんが、特定非営利活動法人アスク（アルコール薬物問題全国市民協会）ではアルコールハラスメントの定義づけとして、①飲酒の強要、②イッキ飲ませ、③意図的な酔いつぶし、④飲めない人への配慮を欠くこと（酒類しか用意しないなど）、⑤酔った上での迷惑行為（暴言、暴力、セクハラなど）、といった5つの項目を挙げています。

Q4

業務中、上司から会議室に呼ばれ、「言いにくいんだけど、少し香水がきついんじゃないかってみんな言ってるんだけど……」と言われた。

　業務にかかわる注意・指導は問題ありません。ただし、伝え方については慎重になったほうがよいでしょう。他の人に聞かれない場所で行うという配慮をすることや伝える際の言葉づかいも注意すべきです。例えば、「その匂いは彼氏は好きかもしれないけど……」などと言った場合はセクハラに該当する可能性もあります。

Q5

回答
△

業務報告をしている最中、上司は渡した資料も見ず、パソコンに向かったまま私とはろくに視線も合わさない。このようなことが多い。

　この行為が、即パワハラにつながるというわけではありません。

　ただし、特定の個人のみにこのような態度を取っていたり、毎日同じような態度を取っているとなるとパワハラの可能性も出てきます。

Q6

回答
×

飲み会が始まる前に、店長が全員の前で「女性は隣の男性にお酌をしてあげてね」と言っていた。

　これはセクハラに該当します。かつては、「女性が酒の席で男性に対してお

酌をするのは当然」と考える風潮がありました。しかし、お酌をすることで女性が不快に感じるのであれば、お酌を強要することはセクハラになります。

Q7

業務中、事務所のパソコンで業務と関係ないサイトを度々見ているD係長を、課長が何度注意しても行為は収まらず、別室に呼び出し厳しく叱責し、指導した。

回答
○

　業務にかかわる指導は問題ありません。この場合は、「厳しく叱責し、指導した。」とありますが、何度注意しても繰り返し行う行為について厳しくすることは当然であり、仕事上で必要な指導と言えます。ただし、叱責するときに例えば「お前、殺すぞ」や「給料泥棒」などの発言や、叱責、指導が長時間に及んだりした場合はパワハラにあたります。仕事上で必要な教育・指導なのか、それともパワハラになるかは線引きが非常に難しく、実際にはケースバイケースで判断することになります。

Q8

自分の業務終了後、帰る前に休憩室に立ち寄ったら、上司から「コンビニで缶コーヒーを買ってきて」と頼まれた。

回答
×

　これはパワハラに該当します。職場の権力関係を背景に、就業時間以外の行動を束縛することはパワハラとなります。また、これを断ったことによって不利益な扱いをすることもパワハラです。このようなケースは実際によくあります。就業時間外に私用の頼みごとはしないようにしましょう。

Q9

主任は女性の部下のことを親しみを込めて「○○ちゃん」と呼んでいる。

回答
△

　これは微妙な行為です。親しみを込めて、職場の女性のことを「○○ちゃん」

と呼んでいる人がいるかもしれません。本当に仲が良いのであれば、相手も好意的に受け取ってくれますが、自分は仲が良いと思っていても、相手としてはそうではないこともあります。その場合、ちゃん付けされると相手の女性は不快に感じるかもしれません。そのため「○○ちゃん」と呼ぶことがセクハラになる可能性もあります。

Q10

Eさんが始業時刻に10分ほど遅刻してきたとき、朝礼の際に、係長は、「Eさんは遅刻してきたが、社会人としてなっていない」などとみんなの前で遅刻を非難した。

回答
△

　これは微妙な行為です。一般的に、他の従業員が集まっている朝礼で非難することはパワハラになります。ただし、Eさんが遅刻の常習者などで、「Eさんに遅刻をしないよう自覚をしてもらう必要があった」などの事情がある場合には、必要な指導の範囲内の行為ということでパワハラにはならない可能性もあります。このようなこともあるので、なるべく指導は個別に行うようにしましょう。

Q11

ミスを報告したところ、課長から「しばらく待っておけ」と言われ、業務が終わって1時間ほど待たされた後、指導を受けた。

回答
×

　これはパワハラに該当します。Q8と同じように、職場の権力関係を背景に、就業時間以外の行動を束縛することはパワハラとなります。指導は就業時間内に行うようにしましょう。

Q13

「俺が若かったころはもっと厳しかったぞ。でも必死に頑張ってついていったものだ。それに比べて最近の奴は……」が口癖の上司。

回答
○

この発言自体は問題ありません。いわゆる愚痴です。

Q14

回答
×△

係長は人の好き嫌いがひどく、好きな人には優しく注意するだけだが、嫌いな人には厳しく怒る。

　この行為自体がパワハラに該当するわけではありませんが、問題がある行為だといえます。実際にこのような通報は多く来ます。このような行為を繰り返すことによって、店舗内の人間関係が悪化し、パワハラが生まれやすい環境となります。

Q15

回答
×

Fさんがミスしたときに課長は、なぜミスをしたのか、今後ミスしないように改善策をとるかについて、Ａ４用紙10枚分の反省文を書かせていた。

　これはパワハラになる可能性が高いです。一般的に上司が部下に反省文を書かせること自体は問題ありません。反省文を書かせることも部下に対する指導の一環と考えられるためです。しかし、今回のケースのようにミスに対してＡ４用紙10枚分の反省文を書かせることは、ミスの程度にもよるかもしれませんが、パワハラに該当する可能性が高くなります。

Q17

回答
△

女性社員のＧさんは、新人のＨくんに対して仕事を親切に教え、親睦を深めるためにＨくんを食事に誘い、２人で食事をした。

　この行為は微妙です。Ｈくんがどう感じているかによって判断は変わってきます。仮にＧさんが上司だったとすると、Ｈくんは誘いを断りづらい状況で、無理して食事に行ったとなり、セクハラになる可能性も出てきます。また、ＧさんがＨくんに対して「彼女いる？」と聞くこともセクハラになります。

141

パワハラ対策法

着眼点：予防と解決を分けて考えること

顧問先
データ

業種：小売業、5店舗運営

従業員数：正社員　15人、アルバイト　15人

人事評価制度：なし

経営者：45歳の2代目社長

担当部長：先代からの古参部長

　最近、特にパワーハラスメント（以下「パワハラ」）というワードを頻繁に耳にするようになってきました。パワハラへの会社の取り組みについては、今後法律が絡んでくるので、コンプライアンスという観点からも再度重要視されることになってきます。ここでは法律がどのように整備されていくのか取り上げてみます。

　顧問先の定期訪問時に人事の担当部長からの相談があった。

部長「先日、ある勉強会に参加したんですが、そこでパワハラに関して法律ができたと聞ました。詳しく教えていただけませんでしょうか」

　労働施策総合推進法が改正され、そこでパワハラ対策が義務化されることになった。部長からは、この改正についての質問であった。

顧問「パワハラに関しては2020年6月より法律が施行されましたから、今後は会社にとって職場環境の整備という観点からも調整が必要になってきます。ではどのようになっていくのか、具体的にお話しましょう。まず、明確な定義ができます。ここはしっかり抑えておきたいところです」

　具体的には次の3つを全て満たすとパワハラになる。今まで法律で明記されていなかったが、今回の改正で明文化されることになった。

①職務上の地位や人間関係などの職場内での優位性が背景になっていること

②業務の適正な範囲を超えていること

③精神的・身体的苦痛を与える又は職場環境を悪化させていること

部長「まぁ、当たり前のように思えますね。しかし、聞きなれない言葉がありますねぇ」

　法律用語は日常会話で使用する表現とは異なるため、専門用語を見るだけで拒否反応を示す人もいるものである。

顧問「では①の職場での優位性からみていきましょう。パワハラという言葉は、上司から部下へのいじめ・嫌がらせを指して使われる場合が多いですが、先輩・後輩間や同僚間、さらには部下から上司に対して行われるものも指します。『職場内での優位性』には、職務上の地位に限らず、人間関係や専門知識、経験などの様々な優位性が含まれます。ここまではいいですか」

　パワハラといえば上司から部下へというイメージが強いが、同僚同士のいじめや、部下から上司へのものもパワハラとなるケースがある。

部長「確かに役職が同じでも古株の人間の方が……というケースはありますよね」

　部長は勤続年数が35年以上あり、この会社の様々なトラブルを何とか自分の力量で解決してきた人望が厚い人物である。その部長だけに色々と思い当たることがあるのであろう。

顧問「続けますね。次に②の『業務の適正な範囲を超えて』です。この部分の詳細についてが一番質問が多いところです。"指導"と"パワハラ"の境界線を考えたときに、業務上の必要な指示や注意・指導を不満に感じたりする場合でも、業務上の適正な範囲で行われている場合には、パワハラにあたりません」

　例えば、上司は自らの職位・職能に応じて権限を発揮し、業務上の指揮監督や教育指導を行い、上司としての役割を遂行することが求められる。職場のパ

ワハラ対策は、各職場で業務の適正な範囲か否か、その範囲を明確にする取り組みを行うことによって、適正な指導をサポートするものでなければならない。

部長「そうですね。私もこの手の質問は数えきれないほど受けてきましたよ。質問者も上司と部下の立場では主張するポイントが違いますから中々標準化なんてできませんよね」

顧問「部長の気持ちもよく分かりますよ。私も同じですから。ですから今回法律が整備されることになったと考えましょう。それからいきますと、これら①と②の影響により③の状態になればパワハラだということになります。詳細ではありませんが、大まかな基準ができたと思ってください」

ここで留意して欲しいことは、両方を満たしているかどうかという点である。例えば業務の適正な範囲を超えて職場環境を悪化させたとしても職場の優位性が背景になっていなければパワハラには該当しないということになる。もちろんこれらはあくまでも言動や態度のことであり、身体的に傷つける（暴力）となれば話が別であることは言うまでもない。

部長「なるほど、大まかな基準ということですね。それでは、社内で具体的なケースを記録していきながら我が社のフォームというものを構築していきましょう。地道な作業ですが継続は力なりでやっていきます」

顧問「それはいい考えです、パワハラ事案のデータベース化ですね。ぜひトライしてください。それから会社には新たな義務が発生します。会社が求められる措置が義務というわけですが、この措置というものはハラスメントに対し、会社として適切に対応しなさいというものです」

具体的には次のようになる。

　①相談窓口を設置する

　②アンケート調査などの体制を整備する

　③会社の方針を宣言し周知する

　④ルールを明文化する

　⑤正しい知識を習得させる

⑥再発防止策を講じる（処分や研修受講）など

顧問「どうでしょう、これをご覧になるとそんなに難しいことと感じないので
　　　はないでしょうか。どれも今の時代当たり前ともいえるからです。しか
　　　し、私の経験から申し上げますと一番難しいのは相談窓口・アンケート
　　　調査の問題です。社内で生じたことを社内の人間に伝えるわけですから、
　　　匿名性もなくなりますし、担当者によっては信用性の問題が生じます。
　　　担当者が加害者の場合もありますし、中小企業では社長自らが担当者に
　　　ならざるを得ないこともあります」

部長「窓口に関しましては今後、社内で検討します。先生にお願いすることも
　　　あろうかと思いますが、よろしくお願いいたします」

顧問「分かりました。今後も一緒にいい会社づくりをしていきましょう」

　ひとこと
　　　ハラスメントはまず予防のための体制を整え、発見することが重要です。
　発見後は事実の確認をし、自社での解決が困難な場合には専門の弁護士に
　依頼するなどの対策が必要となります。

頭に浮かんだ顧問先を書き留めておきましょう

自分のワードとして使えそうなところを書き留めておきましょう

分かりにくかったところを書き留めておきましょう

第 8 章

人事考課と人事評価の考え方

この章では、人事考課と人事評価の基本的な考え方を説明していきますが、その前になぜ税理士の方々が人事コンサルティングを担うべきか、今から述べることを理解していただければ納得していただけると思います。前述したように、労務と人事はまったく異なります。社会保険労務士は、試験合格直後は、人事コンサルティングによる知識はまったくない状態です。労働基準法を中心とした労務の知識があるだけです（受験科目に人事の分野はない）。合格後に人事コンサルティングを学ぶ講座に参加したり、書籍から知識を習得するなどして人事コンサルティングを行っている、というのが実情です。税理士の方の「社会保険労務士は人事のスペシャリストだ」という概念は、まずは取り除いてください。社会保険労務士は労務（労働を基本としたもの）マネジメントのスペシャリストです。ですから、人事分野は勉強すれば誰でもコンサルティングできるということになります。しかし、人事計画を行うにはその財源が前提となるため、税理士の方がこの分野に適していると思うのです。

　まず、人事考課と人事評価の共通言語を確認します。人事考課とは、評価対象期間における勤務状態を数値化することを言います。そして、人事評価とは、人事考課で数値化された結果を、賞与や昇給、昇進といった処遇に反映させる仕組みのことです。つまり、人事考課はフォーム作り、人事評価は制度作りがコンサルティングの内容ということになります。この2つの定義が明確にならないと、人事評価制度は構築できませんので明確に理解しておきましょう。

　人事考課のフォームは、顧問先の考え方や組織、考課者のレベル等を考慮しながら作成していくことになります。また、目標管理制度を人事考課に取り入れることになるとフォームをパターン的に作成することが困難になってきます。なお、人事考課フォームの作成には相当な時間を要します。もし作成するとなれば顧問先で経営側の意向を理解し、明文化し、社内プロジェクトを立ち上げ、各職務のヒアリングを実施し、職務ボックスごとに人事考課フォームを作成していくことになります。作成後は検証を行い、フォローとメンテナンスを実施しなければなりません。この間、最低でも半年はかかってしまいます。

人事評価システム

人事考課

フォーム作り

対象期間の働きぶりを数値化すること

人事評価

制度（システム）作り

人事考課の結果を処遇に反映させる仕組み

――― 人事評価制度の3つのシステム ―――

賞与システム

賞与とは利益配分金、あるいは業績分配金のことである。分配方法を決めていく仕組みのこと。

昇給システム

どのように基本給を上げていくかを、等級や号俸などつくり、運用を決めていく仕組みのこと。

昇進システム

職位を上げる昇進の仕組みを構築し、運用を決めていく仕組みのこと。

パターン化して展開することが可能な領域である。
人事考課のフォームも、業種や従業員数によってある程度パターン化できる。
人事評価は人事考課より少ないパターンで設計可能である。
得意パターンを1つ作ると、後は比較的容易に設計できるようになる。

ですから、人事考課フォームの作成は自分でするのではなく、作成に慣れている社労士等に連動することをおすすめします。これに対し、人事評価制度は人件費のフレームワークのようなものです。人事考課作成は他へ指示をし、制度の根幹となる昇給システム、賞与システム、退職金制度は顧問税理士がプランニングしていただきたいと思います。

　では人事評価制度をみていきましょう。企業における人事評価制度とは、賞与額を決定することが中心になり、次に昇進昇級へ反映させる仕組み、最終的に退職金へ反映させること、これが主な制度構築の要素になります。特に中小企業においては、賞与を誰にいくら出すかということに関心が高いようです。賞与に関しては、利益分配金あるいは業績分配金といった方が正しい呼び名だと思います。会社の利益が出たから賞与として従業員に還元する、これが基本だからです（賞与は賃金ではない。賃金となれば労働基準法に定められたものになり減額すると未払いとなる）。

　賞与を考える場合、賞与原資を決めることから始めなければなりません。一般に社会保険労務士は、顧問先の財務諸表を見る機会はほとんどありません。顧問先の利益の状況など明確に知らないのです。それよりも利益状況を十分に把握されている顧問税理士が、賞与システムを構築する方が顧問先にとってより有意義なものになると、私は考えます。賞与とは、利益を従業員に分配する仕組みですから、賞与原資を決め、その配分方法を決める、この２つで賞与システムはできあがります。賞与原資は顧問税理士が把握していると思いますので、私が口を出すことではありません。従業員への配分方法については、人事考課で数値化されたものを配分に連動させます。ではどのように配分するかを考えてみましょう。以前は基本給に連動して賞与を決めるという手法が主流でした。給料の〇ヶ月分という表現は馴染みがあると思います。会社から従業員へ賃金、賞与、退職金としてお金が支払われます。しかし、お金は同じでも、その意味は全部異なります。賃金は生活給として支払われるもので、賞与は利益配分金として支払われるものです。そして、退職金は功労金として支払われ

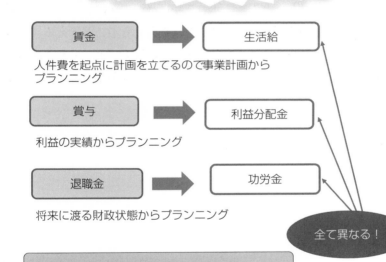

賃金・賞与・退職金を考察

同じお金でも何のお金（支出）か、
これを明確にすること。

賃金　➡　生活給

人件費を起点に計画を立てるので事業計画から
プランニング

賞与　➡　利益分配金

利益の実績からプランニング

退職金　➡　功労金

将来に渡る財政状態からプランニング

全て異なる！

賞与と退職金のプランニングは、
賃金の基本給との連動から切り離すこと！

退職金は顧問先から見れば、長期確定債務である（長期借入金と同
じ位置づけ）。
また、賞与は利益が出たときに従業員に分配するものである。
このように、『労働の対価である賃金』とは、まったく異なるという
認識を持って顧問先と接していただきたい。

151

るものというのが主流的考えです。生活給であれば、年齢や家族構成も配慮に入れたほうがよいでしょう。

　しかし、利益配分金である賞与は年齢や勤続年数、家族構成など全く配慮する必要はありません。会社の利益に従業員の家族は関係ないからです。また、退職金は功労金ですから、勤在職中にどれだけ会社に貢献してくれたかが金額を決める材料になります。ここにも従業員の生活スタイルは関係ありませんし、当期の利益も関係ありません。在職期間という長いスパンで考えて従業員資産価値に応じた金額にすべきだと考えます。賞与は当期中を評価したもの、退職金は事業年度を超えた長期間の貢献度評価を反映させるものと考えることもできます。いずれにせよお金を支払うわけですから顧問先にとって意味のある支出にしておくべきです。ですから、基本給をすべてに連動させていることはおかしなことだと私は思います。

　次に賃金、賞与、退職金について詳細にみていきましょう。

人事考課フォームの作り方

【考課アイテムを決める】 何を考課するのかを決める

アイテム1　　　　　部下考課

上司が部下を考課する。最もポピュラースタイル

アイテム2　　　　　上司考課

部下が上司を考課する。
社内運用が難しいので、社外の者（顧問など）が運用する必要がある。

アイテム3　　　　　仲間考課

上司、部下関係なくお互いに考課をし合う。
昇進者を決めるときに役立つ。

【考課方法を決める】 どうやって考課するのかを決める

方法1　　　　　絶対評価

加点方式。考課者の甘辛が生じる。教育訓練に連動しやすい。
ポピュラースタイル。

方法2　　　　　相対評価

配分方式。考課者の甘辛は生じない。
部署のレベルが均等であることが要件となる。

アイテムを決めて（複数可）、アイテムごとの方法を選択する。

これらを組み合わせて、人事考課フォームを作成する。

1 賃金設計のつくり方

賃金設計をする場合、最初に賃金体系を検討し、次に基本給の昇給システムを作ります。まず、賃金体系の検討について述べます。賃金体系とは賃金の内訳のことを言います。内訳とは具体的には基本給、職務手当、皆勤手当、役職手当、住宅手当、通勤手当など支給する名目のことを言います。退職金と基本給が連動している場合、基本給を上げると退職金も上がるので、それを避けるために手当として支給しているケースがよく見受けられます。まず、退職金の算出方法から基本給とのリンクを解除させ、退職金独自の算出方法に変更します。別の算出方法として多く用いられているのが、ポイント制です。耳にしたことはあると思いますが、ポイント制退職金制度については後述いたします。退職金の算出方法から基本給を切り離した後は賃金体系の組み直しを行います。このとき、賃金総額が下がらないように留意しておく必要があります。法的に義務があるというわけではありませんが、変更後に総額が下がると不利益変更となって民事的な問題が生じる可能性が出てきますし、なによりもモチベーションの低下に繋がり業績に影響を及ぼすことがあるからです。

現状に合った賃金体系になった次は、基本給の昇給システムをつくります。ここでは一般的な昇給システムの作り方を紹介します。特に難しいことはありませんので、是非取り組んでみてください。一般的には基本給を「等級」と「号俸」によって基本給テーブルというものを作ります。職位が主任・係長・課長・部長など4種類程度であれば等級は1〜6等級程度で十分だと思います。等級と職位は別のものと考えるようにしましょう。職位は組織上で必要なものです。部の数に応じて部長の人数が決まりますし、課長も課の数でその人数が決まります。係長も同じことです。これに対し等級は従業員の能力によって1等級から○等級まで分類されます。1等級より2等級の方が能力が高い、それより上位等級になっていくほど能力レベルも高くなるというものです。最高等級が6等級であれば、6等級に該当する従業員が一番能力が高いということになり、

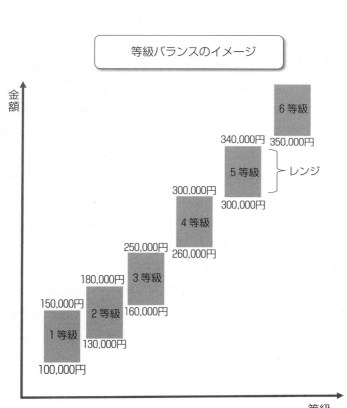

等級バランスのイメージ

金額

6 等級

340,000円　350,000円

5 等級　}レンジ

300,000円
300,000円

4 等級

250,000円
260,000円

180,000円　3 等級

150,000円　2 等級　160,000円

1 等級　130,000円

100,000円

等級

等級数を決め、その等級ごとの上限額と下限額を決めるだけで
も十分である。
号俸は、ベースアップの際に必要となり、昇給金額のルールを
決めたい場合に設定する。
換言すれば、号俸まで明確にすると、それに応じた対応をして
いかなければならない。
小規模人数の顧問先では、詳細な設定は避けて基本的なルール
を構築する方法を推奨する。

その中から部長職の職務を遂行する人を部長とします。ということは6等級で課長という人も存在することになります。これにより、ポスト不足のため運悪く能力があるのに課長止まり、ということを避けることができます。

　また、基本給を分ける等級には上限と下限があるということを頭に入れておいてください。例えば1等級。この等級は一番能力が低い等級です。基本給が100,000円スタートとするならば1等級の下限が100,000円になります。この等級の価値を考えて最高でいくらまでが妥当かを検討し金額を決めます。仮に150,000円が妥当と決定したのなら1等級の上限は150,000円となります。このケースだと基本給の1等級は100,000円から150,000円となり、この100,000円から150,000円の幅のことをレンジと呼びます。レンジは上限下限のみの設定でもいいのですが、より詳細に管理運用するために昇給ピッチに合わせて細かく金額を決めていくことがあります。例えば1等級の昇給額は標準で3,000円とすれば、3,000円を3で除し1,000円を1等級のピッチとします。このピッチのことを号俸と呼びます。100,000円から150,000円のレンジを1,000円ピッチに刻むと50の号俸になります。右の表を参照ください。1等級の基本給の号俸ごとの金額は1等級1号俸100,000円、1等級2号俸101,000円、1等級3号俸102,000円……1等級50号俸150,000円となります。2号俸以降も同様に作成していきます。

　2等級の上限の金額と下限の金額を決めます。これで2等級のレンジができます。次に2等級のピッチを決めます。レンジをピッチで割れば号俸の数がわかりますので、2等級のテーブルが出来上がります。3等級～6等級も同様に作成していけば基本給テーブルが完成します。実際には現状の基本給のバランスを見ながら、各等級のスタートの金額である下限額の設定をしていきます。少々手こずるかもしれませんが、1回チャレンジしてみるとコツは掴めます。まずはトライしてみてください。基本給テーブルを見てお分かりのように、いたって単純なものです。ですから基本的なことを理解したら行動してみてください。私もそうでした。エクセルでパターン化できるようなレベルです。

基本給テーブルイメージ

例

	1等級	2等級	3等級	4等級	5等級	6等級
ピッチ	1,000	1,100	1,200	1,400	1,600	1,800
1号俸	100,000	130,000	160,000	260,000	300,000	350,000
2号俸	101,000	131,100	161,200	261,400	301,600	351,800
3号俸	102,000	132	100,000＋1,000＝101,000		303,200	353,600
4号俸	103,000	133,300	163,600	264,200	304,800	355,400
5号俸	104,000	134,400	164,800	265,600	306,400	357,200
6号俸	105,000	135,500	166,000	267,000	308,000	359,000
7号俸	106,000	136,600	167,200	268,400	309,600	360,800
8号俸	107,000	137,700	168,400	269,800	311,200	362,600
9号俸	108,000	138,800	169,600	271,200	312,800	364,400
10号俸	109,000	139,900	170,800	272,600	314,400	366,200
11号俸	110,000	141,000	172,000	274,000	316,000	368,000
12号俸	111,000	142,100	173,200	275,400	317,600	369,800
13号俸	112,000	143,200	174,400	276,800	319,200	371,600
14号俸	113,000	144,300	175,600	278,200	320,800	373,400
15号俸	114,000	145,400	176,800	279,600	322,400	375,200
16号俸	115,000	146,500	178,000	281,000	324,000	377,000
17号俸	116,000	147,600	179,200	282,400	325,600	378,800
18号俸	117,000	148,700	180,400	283,800	327,200	380,600
19号俸	118,000	149,800	181,600	285,200	328,800	382,400
20号俸	119,000	150,900	182,800	286,600	330,400	384,200
21号俸	120,000	152,000	184,000	288,000	332,000	386,000
22号俸	121,000	153,100	185,200	289,400	333,600	387,800
23号俸	122,000	154,200	186,400	290,800	335,200	389,600
24号俸	123,000	155,300	187,600	292,200	336,800	391,400
25号俸	124,000	156,400	188,800	293,600	338,400	393,200
26号俸	125,000	157,500	190,000	295,000	340,000	395,000
27号俸	126,000	158,600	191,200	296,400	341,600	396,800
28号俸	127,000	159,700	192,400	297,800	343,200	398,600
29号俸	128,000	160,800	193,600	299,200	344,800	400,400
30号俸	129,000	161,900	194,800	300,600	346,400	402,200

2 賞与システムのつくり方

　賞与は利益分配金ですから、スタートは利益から賞与予算を確定することから始めます。できれば年間の事業計画を立てるときに毎月の賃金の予算と賞与の予算を分けて計画を立てておくようにしてください。私が知る限りでは、賞与の原資金額を決めるときに昨年実績から計画を立てる経営者がとても多いようです。キャッシュフローから賞与の原資金額を決定すべき、ということは至極当然といえます。しかし経営者からすると、人事のアドバイスという視点がないので気づかれていない、あるいは意識していないのが実情です。

　それでは賞与システムの作り方を説明します。

　賞与原資金額の算出方法については、毎月の人件費分配率に引当的に賞与分を含めて積み上げてもいいですし、対象期間の数か月間の実績を合算して、その全体利益から導き出してもいいです。合算で考える場合、賞与分配率を独自で設定しても良いでしょう。顧問先に合わせて考えてください。私よりも会計のプロの視点でご検討していただければと思います。

　次に、賞与原資金額の配分方法について説明します。基本給を基準として「基本給の〇ヶ月分」といった方法で賞与金額を決めているケースがよくあります。この方法は、賞与は賃金の後払い的に支払うものという考えであれば納得できます。しかし、賞与と賃金は全く意味合いが違いますので、算出方法もその意味合いに応じた手法にすべきです。確かに昭和の時代の高度経済成長期には、資金繰りの問題で賃金の後払いとして賞与を支払うという考え方が主流でした。しかし、少子高齢化が進み飛躍的な経済規模拡大が望めない昨今では、この考えでは経営はうまくいきません。賃金と賞与は別管理、別運用が主流になっています。と言うより、そうしなければなりません。

　ではどのように配分すればいいのか。簡単で効果的な方法はポイント制賞与です。ポイント制と聞けば退職金のイメージが強いですが、考え方は同じです。ポイント制は基本給と切り離して計算するときに使われる手法です。基本給は

ポイント制賞与システム

例

等級基礎ポイント

```
1等級　100P
2等級　120P
3等級　150P
4等級　180P
5等級　220P
6等級　260P
```

加算ポイント

```
1等級　S評価　20P　A評価　15P
2等級　S評価　25P　A評価　20P
3等級　S評価　30P　A評価　25P
4等級　S評価　35P　A評価　30P
5等級　S評価　40P　A評価　35P
6等級　S評価　50P　A評価　40P
```

減算ポイント

```
1等級　なし
2等級　D評価　-5P
3等級　C評価　-5P　D評価　-10P
4等級　C評価　-10P　D評価　-20P
5等級　C評価　-20P　D評価　-30P
6等級　C評価　-30P　D評価　-50P
```

前述した等級制度を用いているケースで、ポイント制賞与を説明します。各等級の基礎ポイントを決めます。例えば、1等級100ポイント、2等級120ポイント、3等級150ポイント、4等級180ポイント、5等級220ポイント、6等級260ポイントという具合です。基礎ポイントの決め方は1等級と最高等級の差を最初に決めます。このケースだと2.6倍という差になります。差が決まったら1等級の基礎ポイントの数字を決めます。1等級のポイントはいくつでも構いません。ポイント単価は毎回金額が異なりますから神経質になる必要はありません。何も考えずにエイヤーで1等級の基礎ポイントは100ポイントとする、これでも大丈夫です。このようにある程度想定の中で各等級の基礎ポイントを決めます。この基礎ポイントに人事考課の結果を反映させます。人事考課を運用していないのであれば、よく会社に貢献してくれたと思う従業員にはポイントをプラスし、あまりいい仕事をしなかったと思う従業員にはポイントをマイナスします（プラス、あるいはマイナスされたポイントのことを「獲得ポイント」という）。このようにして賞与支給対象者の全従業員の獲得ポイントを合計します（これを「総ポイント」という）。賞与原資を総ポイントで割ると、ポイント単価が算出されます。このポイント単価を各人の獲得ポイントに乗じれば賞与金額が決まります。これがポイント制賞与の考え方です。次に説明するポイント制退職金と異なる点は、退職金はポイント単価が一定であるのに対し、賞与は毎回異なるということです。ぜひ顧問先の賞与システムを構築してみてください。

　人事顧問として、右の運用例のように従業員の賞与額を経営者に提示し、その資料を見ながら一緒に検討する。これはとても喜ばれます。このようなサービスをしている顧問はほとんどいないでしょう。一般に社会保険労務士は試算表を見ることがないので、賞与原資を確定することができません。税理士の方は賞与原資を計画できても、各従業員への配分方法の知識がありません。しかし、顧問先では年に2回の賞与がルーティンのようにやってくる。しかも、それなりの経費額です。

ポイント制賞与の運用例

賞与原資　2,000,000円

賞与対象者

長野さん　2等級　人事考価　A

千葉さん　2等級　人事考価　B

宮崎さん　3等級　人事考価　C

神戸さん　4等級　人事考価　A

岡山さん　4等級　人事考価　D

香川さん　5等級　人事考価　A

獲得ポイント

長野さん	千葉さん	宮崎さん
基礎ポイント120P	基礎ポイント120P	基礎ポイント150P
加算ポイント15P	加算ポイント　0	減算ポイント-5P
獲得ポイント135P	獲得ポイント120P	獲得ポイント145P

神戸さん	岡山さん	香川さん
基礎ポイント180P	基礎ポイント180P	基礎ポイント220P
加算ポイント30P	減算ポイント-20P	加算ポイント35P
獲得ポイント210P	獲得ポイント160P	獲得ポイント255P

総獲得ポイント：135P＋120P＋145P＋210P＋160P＋255P＝1025P

ポイント単価：2,000,000円÷1025P＝1950円（端数切捨）

賞与金額

長野さん　1,950円×135＝263,250円

千葉さん　1,950円×120＝234,000円

宮崎さん　1,950円×145＝282,750円

神戸さん　1,950円×210＝409,500円

岡山さん　1,950円×160＝312,000円

香川さん　1,950円×255＝497,250円

顧問としては、視点を人事評価制度の構築というより「運用」においてください。この運用例のような資料を作成する部署（人事部）が中小企業にはないのです。この運用サービスだけでもプラスアルファで人事顧問料をいただけます。顧問料は人事部として雇用する人件費より安価に設定しておけば、顧問先のメリットはとても大きくなります。

3　ポイント制退職金

　退職金の算出方法に際し、基本給と切り離すべきであるということは前述したとおりです。ではどのように切り離すか。一般的であり移行がしやすいポイント制を説明します。

　ポイント制退職金制度とはあるルールにのっとりポイントを加算する方法を決め、加算されたポイントにポイント単価を掛けたものを退職金の額とする、というものです。そのためにルールを決める必要がありますが、私は勤続年数と職位の在位年数でルールを決めるようにしています。人事考課の結果を詳細にポイントに反映させる手法もありますが、中小企業の場合、人事考課をきちんと運用している会社は少ないため、この手法はあまりおすすめしません。しかし、私の知る限りどんな会社でも職位というものは存在しています。ですから、勤続年数に職位の在位年数を加算して算出するようにすれば、ほとんどの会社で導入可能です。では具体的にどのように設計していくのか説明します。

①勤続ポイント加算（基礎ポイント）

　文字どおり勤続年数に応じて加算するポイントを設定していくわけですが、まず勤続40年の人で一般職のまま退職した人の退職金の金額を決めます。

　例えば、それを400万円と決めたとしましょう。次に支給要件を決めます。勤続何年目から退職金を支給するかというものです。これを勤続5年目から支給と決めたとします。そうすれば40年－5年＝35年間が対象期間になります。

　400万円を35で割ると1年当たりの平均加算金額がでます。この場合ですと

ポイント制退職金
勤続（基礎）ポイント加算

例

勤続年数	加算ポイント	累計ポイント	勤続年数	加算ポイント	累計ポイント
1年経過	0	0	21年経過	10P	140P
2年経過	0	0	22年経過	10P	150P
3年経過	5P	5P	23年経過	10P	160P
4年経過	5P	10P	24年経過	10P	170P
5年経過	5P	15P	25年経過	10P	180P
6年経過	5P	20P	26年経過	10P	190P
7年経過	5P	25P	27年経過	10P	200P
8年経過	5P	30P	28年経過	10P	210P
9年経過	5P	35P	29年経過	10P	220P
10年経過	5P	40P	30年経過	10P	230P
11年経過	5P	45P	31年経過	10P	240P
12年経過	5P	50P	32年経過	15P	255P
13年経過	10P	60P	33年経過	15P	270P
14年経過	10P	70P	34年経過	15P	285P
15年経過	10P	80P	35年経過	15P	300P
16年経過	10P	90P	36年経過	20P	320P
17年経過	10P	100P	37年経過	20P	340P
18年経過	10P	110P	38年経過	20P	360P
19年経過	10P	120P	39年経過	20P	380P
20年経過	10P	130P	40年経過	20P	400P

退職金は功労金である。
また、長期の評価を反映させるものといても有効である。
離職損失を考慮すると、勤続年数は『功労に該当するもの』
とすることもできる。
これが、勤続（基礎）ポイントである。

約11万円強になります。この11万円を基準に35年に設定していきます。勤続年数が浅い方を低めにし、勤続年数が多くなると高めに設定するのが一般的です。その方が財務的にも有用です（全体の退職金のシミュレーションでは勤続年数40年の退職金額を高く見せることができるが、中途採用者が多い中小企業では勤続40年に近づく者はほとんどおらず、見た目より少ない退職金額になる）。こうして勤続年数ポイントができます。これを基礎ポイントとします。

②職位ポイント加算（貢献ポイント）

　次にポイントを職位加算する仕組みを作ります。私が作成するときは職位を初級、中級、上級の３つに区分して作成します。初級の職位で１年間仕事をしたのなら○ポイントと決めます。中級、上級も同じようにポイント数を決めます。

　職位ポイントを決めるにあたって、全体から検討していきます。一般職のまま40年勤務した人と会社が求めるように順調に上級職まで全うした40年勤務の人の退職金の差を決めます。1.5倍なのか、２倍なのか、３倍なのかを決めるということです。1.5倍だとすると、前述の例だと400万円×1.5＝600万円ということになります。600万円が決まれば600万円－400万円＝200万円を職位の加算の上限に設定します。上級職の最高在位年数を25年とすると200万円÷25年＝８万円が上級職位で１年間仕事をしたときの加算金額になります。上級が８万円と決まれば後は感覚で中級職を５万円、初級職を３万円と決めてシミュレーションを実施し、問題なければ完成になります。ここで留意することは初級職と中級職には上限を決めておくということです。例えば、係長職を初級職に位置付けるとしましょう。会社としては係長の次は課長にレベルアップしてもらいたい。そのためには係長として仕事をさせる期間の基準を決めておく必要があります。この期間の上限が前述した上限になります。係長在位期間の上限を10年と定めたとします。係長の職務内容からしても５年から８年間係長として働けば、課長の順位になるだけのスキルと経験は十分に身につくはずだ、最高でも10年だろう。だとすると係長のまま11年、12年であればこの期間は会社に貢献しているとは判断しない。よって係長の貢献ポイントの上限は10

ポイント制退職金 職位ポイント加算（貢献）		例

	初級	中級	上級
加算ポイント	3P	5P	8P
在位年数			
1年間	3P	5P	8P
2年間	6P	10P	16P
3年間	9P	15P	24P
4年間	12P	20P	32P
5年間	15P	25P	40P
6年間	18P	30P	48P
7年間	21P	35P	56P
8年間	24P	40P	64P
9年間	27P	45P	72P
10年間	30P	50P	80P
11年間	30P	50P	88P
12年間	30P	50P	96P
13年間	30P	50P	104P
14年間	30P	50P	112P
15年間	30P	50P	120P
16年間	30P	50P	128P
17年間	30P	50P	136P
18年間	30P	50P	144P
19年間	30P	50P	152P
20年間	30P	50P	160P
21年間	30P	50P	168P
22年間	30P	50P	176P
23年間	30P	50P	184P
24年間	30P	50P	192P
25年間	30P	50P	200P

ここで停止

例）勤続25年中途入社定年退職
　　役職暦
　　初級職位　5年間　中級職位　4年間　上級職位　5年間
【退職金算出】
（180P＋15P＋20P＋40P）×10,000円＝2,550,000円

年とする。このように決めます。中級職の課長も同じように上限を決めておくというものです。こうして完成した退職金ポイント表が前頁の表になります。こういうことを決めていくだけでも人事評価制度の大枠を決めることになります。

このパターンを理解すると簡単に設計できます。問題は退職金とは長期確定債務です。10年後、20年後以降の支払いを確定するわけですから長期財務計画と連動させなけれなりません。設計におけるシミュレーションは、顧問先の財政状態を把握している顧問税理士が適任です。賃金、賞与、退職金のコンサルティングは、一度行ってみるとパターンなので把握が思ったより難しくありません。ぜひ一度チャレンジしてみてください。

そうは言っても、今後の働き方の変化により人事考課の基本的考え方が変わってくる顧問先も増えてくると思います。変化の代表がジョブ型での働き方です。ジョブ型を中心に考えた人事評価はやる気や能力を考慮した従来のスタイル（これを情意考課といいます）ではなく、結果を重視した成果主義となります。リモートワークのことを考えてみてください。今までのように働き具合を日々目にすることができないため、過程を人事考課するこができません。従って報告された成果物を基準に判断するようにならざるを得ません。結果重視の成果主義が主流になっていくということです。制度を構築していく顧問としては職務内容の明確化がきちんとしておけば構築は容易であると考えることができます。情意考課は考課者の判断基準の甘辛によりバラつきが生じ、客観的考課が難しいという悩みが必ず生じます。しかし、成果主義の考課は過程ではなく結果を数値化するので甘辛のバラつきが少なくなります。ただ、必要な人材か否かの判断がより明確になってくるので、人事考課を反映させる人事評価の仕組みをブラッシュアップする必要があります。顧問先内の賃金格差がどうしても生じてしまいます。そのときに顧問先がどのように対応するべきか等について顧問として検討しなければならない局面に遭遇することになるでしょう。

賃金体系と賃金形態

着眼点：まず意味を考えること。そして判断すること！

顧問先
データ

業種：小売業、15店舗運営

従業員数：正社員　65人、アルバイト　50人

人事評価制度：あり

経営者：41歳の2代目社長

　今回は数店舗を運営している顧問先での話である。この会社は賃金制度の見直しを検討している。社長を含む取締役で構成されたプロジェクト会議が開かれた。

顧問「このたび会社の賃金制度の変更を検討するにあたり、賃金について考えてみたいと思います」

　賃金に関する変更には大小の差はあるが、アレルギー反応を引き起こす人がいる。プロジェクトではさまざまなマイナス要因を把握しておく必要があった。

顧問「基本的なことから明確にしていきましょう。皆さん、賃金体系と賃金形態との違いは分かりますか？」

全員「……？」

　聞いたことがある用語であるが、内容を把握している人はいないようである。

顧問「誰も手が上がらないようですね。賃金『体系』とは、基本給や手当といった賃金の内訳のことを言います。一方、賃金『形態』は支払い方式のことです。具体的には時給制とか歩合制、年俸制、月給制などですね。では次の質問です。賃金のほかの言い方を考えてみてください」

　賃金とは、会計上の勘定科目の表現である。労働基準法では賃金は賃金、社会保険では報酬、税法では所得などそれぞれ違う表現をしていて、定義も若干

異なっている。

専務「先生。お金だから同じじゃないんですか？」

　営業責任者の専務が質問した。

顧問「賃金は労働基準法では賃金と表現されます。賃金とは労働の対償として
　　　使用者から受け取るものです。ちなみに使用者には、その事業の労働者
　　　に関する事項について、事業主のために行為をするすべての者が含まれ
　　　ますから、今ご参加されている取締役の皆さんは使用者ということにな
　　　ります。ですから皆さんは、賃金を受け取れません」

社長「私は毎月きちんと貰っていますよ。どういうことですか？」

　確かに社長の銀行口座には会社から毎月振込みがある。

顧問「社長、それは報酬と言いますね。役員報酬です」

社長「あ～そうですね。報酬ですね、私がもらっているのは」

顧問「賃金に関しては法律があります。最低賃金法という法律です。ですから
　　　社長が何時間働こうとも、貰うのは賃金じゃありませんから最低賃金を
　　　下回っても問題ありません」

社長「ひどい話だなぁ」

　全員が苦笑いの表情を浮かべた。

顧問「健康保険料や厚生年金保険料の社会保険になると報酬という概念になり
　　　ます。『標準報酬月額』と言いますよね？　報酬は使用者から支払われ
　　　るものではありませんから、労働者ではない取締役の皆さんも受け取る
　　　ことができます。雇用保険料や労災保険料の労働保険料の計算に皆さん
　　　の報酬は含まれませんが、社会保険料は報酬として計算することになり
　　　ます」

　賃金と報酬の説明はこのくらいにして、本日の本題である賃金体系の話に入
ることにした。

顧問「え～では、賃金体系の話に移ります。現在の賃金体系は、基本給・調整
　　　給・職務手当・作業手当・営業手当・特別手当・役職手当・通勤手当・

　　　住宅手当・家族手当など、基本給とさまざまな手当の内訳があります。
　　　すべて意味がある手当になっているのでしょうか？」

　手当はあとから追加されていくものである。その時代を反映しているものとも言えるが、今現在、手当として必要か否か問うと必要ではないものも多く存在しているのが実情である。

社長「別に全部を手当として分ける必要があるかと言ったら、分けなくてもいい手当はありますよ。でも先生、基本給は変えたらいけないんでしょ？」

顧問「基本給や○○手当というものは会社が独自に決めたものです。労働基準法上は賃金としか規定されていないんです」

常務「ということは、基本給一本にまとめることもできるんですか」

顧問「はい。必要のない手当であれば基本給に入れ込むことが可能です。ただ、基本給が退職金の計算や賞与の計算に連動している場合は、退職金や賞与の算出方法を変更しておく必要がありますね」

　基本給が退職金に連動しているため、基本給以外の手当が後発的に発生しているという現実もある。

顧問「会社としてはどのような賃金体系にしたいと考えますか」

社長「そりゃ～頑張った分がきちんと支払われるようにしたいですよ。ブラックボックスにならないようにと思っています」

顧問「そうですね、給与というのは結果を反映するものです。もちろん結果の前には過程があります。この過程が重要だということですね」

専務「そうなると、今の我が社に適合する人事評価制度を再構築することになります。こりゃ大掛かりなプロジェクトになりそうですねぇ」

　賃金を議論するときには必ず評価制度についても議論になる。

顧問「評価に連動する仕組みとなれば基本給にメスを入れていくことになります。ここは慎重に進めていかなければなりません」

　賃金総額に変更がなくても、基本給の金額を変更するときは従業員に正しく説明し、理解を得ていないとうまくいかないときがある。不利益変更でなかっ

たとしても不利益と捉えられることがあるのだ。

顧問「改革には問題がつきものですが、景気変動や消費税10％、労働人口の減少や最低賃金の上昇という現実を考えますと、御社の賃金体系の再構築は必須です。しっかり取り組んでいきましょう」

　こうして第１回のプロジェクト会議は終了した。

ひとこと

　賃金について変更することは従業員にとってデリケートな問題で、とても難しいものです。しかし社会情勢と会社の現状に適した賃金体系とは何かを、一度考えてみてはいかがでしょうか。

頭に浮かんだ顧問先を書き留めておきましょう

自分のワードとして使えそうなところを書き留めておきましょう

分かりにくかったところを書き留めておきましょう

人事考課の目的

着眼点：人事考課は人材育成の第一手続き

顧問先データ	業種：サービス業（制作）
	従業員数：正社員　60人、アルバイト　25人
	人事評価制度：あり
	経営者：58歳の2代目社長

社長「先生、役職者に人事考課について教育訓練をしていただけませんでしょうか」

　この会社の人事評価制度については5年前に構築して、運用も落ち着いてきたところであった。

顧問「そうですね、5年前に行なっただけですから、もう忘れている役職者の方もいるでしょうね。分かりました、復習を兼ねて行いましょう」

　こうして後日、責任者である考課者を集めて人事考課の教育訓練をすることになった。

〜数日後〜

社長「えー、今日集まってもらったのは人事考課の勉強のためです。顧問の先生からレクチャーしていただきますので、みんなしっかり学んで取り込んでください」

顧問「それでは始めて行きましょう。まずは基本から！　人事考課の目的は何でしょうか。分かる人は手を挙げてください」

　予想はしていたが誰の手も挙がらない。

顧問「みなさんは5年間人事考課を実施してきましたよね。目的が不明のまま

172

　行なってきたのですか？　ビジネスにおいてはやる目的がないこと、あ
　るいは、目的がはっきりしないことをしてはいけません。5年前にはしっ
　かり伝えていましたよ。では改めて言いますね。目的は2つです。一つ
　は人事管理のため、もう一つは部下の育成のためです」

　私は人事考課と評価の定義を明確に分けて、考課の目的をこの2つとしている。

顧問「一つ目の人事管理から話します。はい、管理とはどうすることでしょう
　　　か、分かる人！」

　役職者に対しては、管理については事あるごとに話をしてきた。ほとんどの人が分かっているはずである。

香川「はい！」

顧問「香川課長、どうぞ」

　香川課長はこのような研修にはとても積極的で勉強熱心な課長である。

香川「管理とは予定と実態を合わせることです」

顧問「その通り！　では管理に絶対必要なものは？　分かりますよね」

香川「数値化です。数値化できないものは管理もできません」

顧問「正解です！　人事考課の最初の目的は、対象期間の部下の勤務状態を数
　　　値化することです。分かりますね、徳島課長」

徳島「はい！　数値化できるから管理もできる、誰がどれだけ頑張ったか、そ
　　　して前回と比べてどうか、全体でどのレベルか、そういったことが数字
　　　やパーセンテージで表現できることになります。この結果を評価に反映
　　　するということですね」

顧問「いいですね、考課と評価を明確に理解していますね。では、陥りやすい
　　　人事考課の代表的な6つのエラーを紹介します。このようにならないよ
　　　うに意識してください」

　①ハロー効果……ある点の印象で判定してしまう傾向のこと
　②寛大化傾向……全体的に甘い判定をしてしまう傾向のこと

③中心化傾向……無難な判定で済ませようとする傾向のこと

④対比誤差………考課者が自分自身を基準（ものさし）にして判定を下すこと

⑤論理誤差………考課者の頭の中で、論理的に関係があると思われる要素に同じような判定を下してしまうこと

⑥期末誤差………評価を行う直前の出来事が強烈な印象として残ってしまい、全体の評価に影響を及ぼしてしまうこと

顧問「それではもう一つの目的、部下の育成について考えてみましょう。PDCAはわかりますか？　高知次長」

高知「プラン・ドゥ・チェック・アクションのことです。計画を立てて、実行して、確認して、できていないところに対策を講じるということです」

顧問「さすが、その通り！　皆さんレベルが上がってきましたねぇ。管理では予定と実態を合わせるので、プラン→ドゥ→チェック、この結果を数値化する。これで終了です。しかし、アクションが育成に連動します。これがないと、できていないところは永遠にできない、ということになってしまいます。アクションを起こすにはフィードバック、つまり面談することになります。この面談が重要ですが……、面談の基準はありますか。面談時間はどのくらい取っています？」

香川「私は30分は取っていますよ。これでも足りないくらいです」

高知「私は10分程度ですね、時間が取れませんから」

　一言で面談と言っても、その方法はバラバラである。面談が育成のカギであるが、面談の回数や場所、時間帯なども決まっていない、これでは育成に差が生じることになる。

顧問「面談の基準というものを自分たちで決めてください。これは宿題です。どうあるべきか、ベストな面談とは何か、明確な基準になる考えをみんなで共有できるようにしましょう。それから、今後取り組んでいただきたいことがあります。それは「承認力」の向上です。ただ褒めることで

はありません。部下のいいところを認めるということです」

　承認ができている職場では、離職率が下がったという研究結果が出ている。今後、従業員の定着を考えるのであれば、承認する文化を会社に取り入れるべきだと私は考える。

社長「私を含めて、相手を承認するって簡単そうで難しいですね。効果的なやり方とかあるんですか？」

顧問「承認する、という意識をもって取り組む方法はあります。次回はこの承認について研修しましょうか」

社長「よろしくお願いいたします」

顧問「それでは次回、本日の宿題である「面談」と、承認について考えてみましょう」

＿ ひとこと ＿＿＿＿

　人事考課は部下の不足しているところを発見する行為でもあります。不足部分は再教育訓練を行い、職務遂行レベルを上げていきましょう。これを総じて人材育成といいます。

頭に浮かんだ顧問先を書き留めておきましょう

自分のワードとして使えそうなところを書き留めておきましょう

分かりにくかったところを書き留めておきましょう

第 9 章

採用からコンサルティング

補充と採用という言葉があります。私はこの2つの言語を区別して使います。補充とは欠員が1人出たから1人募集するというパターン。採用とは人員計画に基づき募集するパターン。どうでしょう、ほとんどの中小企業では補充スタイルをとっていることに気づかれると思います。第2章『人件費マネジメント』で説明したとおり、人事は人員計画が重要です。売上に対して限界従業員数は何人なのかを、あらかじめ人員計画として把握しておくべきです。そうすれば欠員が出た時に欠員後の人員数が限界従業員数と比べて少ないのか、多いのかを判断できます。少ないのであれば採用に向けて安心して行動に移せます。限界従業員数をオーバーしている場合でも、どうしても必要であればその状況を把握した上で採用に踏み切ることができます。このケースは会社のオペレーションを見直す課題が見つかったとポジティブに捉え、中期計画で改善策を講じるという提案を顧問として行ってください（『改善』については第13章『共通言語でコンサルティング』を参照）。これに対して補充は人員計画なしの行き当たりばったりの求人募集になりますから、現状がどうなのか、オペレーションが適正なのか、課題があるかなどを全く把握することができません。これでは最大の経費である人件費のマネジメントは利かなくなり、せっかく立てた利益計画もあいまいなものになってしまいます。限界従業員人員数、予定従業員人員数、目標従業員人員数の3つの従業員人員数を把握してから採用をするようにアドバイスしてください。

　求人募集をしても反応が全くないという顧問先からの悩みを聞いたことがありませんか。今後労働人口は減少し続けるためしばらくはこの悩みから解消されることはないと思います。しかし、顧問としてはこの悩みに適切なアドバイスをしなければなりません。では、具体的にどのようにアドバイスをするのかを説明します。

　求人募集に反応しないのは求職者視点の求人内容になっていないと思ってください。よく相談されるのが労働条件のことです。経営者は労働条件が他社より良くないから当社に来てくれないと考えます。よって、「退職金を充実させ

採用計画のフロー

1 人員計画を立てる

2 予定人員数、目標人員数、限界人員数を把握する

3 欠員時に人員計画と照らし合わせる

4 募集の判断を下す

5 募集する

NG

NG1
欠員が出たので募集。計画に基づいた募集をせよ！

NG2
とりあえず募集。従業員資産を取得する意識を持つ！

従業員は、『従業員資産』という資産と考えること。
そして、その従業員資産は、1人につき中小企業の場合でも
約2億円となる意識を持つこと。
そして、これを顧問先の経営者に理解させる必要がある。

た方がいいだろうか」「人事評価制度を導入した方がいいだろうか」という思考に陥ってしまいます。20人程度の法人で新たに退職金をつくりますか。退職金とは会社にとって長期確定債務です。安易な考えでの退職金の導入は危険です。人事部がないのに人事評価制度を運用できますか。20人程度の会社では社長が運用管理する羽目になります。労働条件を主とした求人募集では、中小企業は大手企業に勝つことは困難です。ではどうするか。中小企業にもその会社の良さというものが必ずあります。ここを求職者にアピールすれば反応は違ってきます。求職者に響く内容は、求人者とは逆の立場である経営者には分かりません。知っているのは今会社で働いている従業員の皆さんです。つまり、我が社で働くにあたっての魅力を従業員から教えてもらい、一緒に作るのです。では、どうやって魅力を発見し言語化するのか、具体的方法について説明します。

　まず対象者は、全員というより会社が選出した従業員からの声を文章化する手法をとります。従業員の選出は会社について前向きな考えを持っていると思える人にしてください。経営者からみたエース級の従業員です。選出された従業員へ記入用紙を配布して、その用紙に魅力を簡潔に記入して頂きます。

　魅力と一言でいっても漠然としていますから、働きやすさの指標として以下の6項目に分けます。①安定性や労働条件・福利厚生、②挑戦できる風土やワクワク感があるか、③自身の成長やプロフェッショナル度、④評価・出世や憧れ、⑤感謝や社会貢献度、⑥チームワークや仲間との団結力、となります。

　そして、上記を職場環境や業務内容、社員、顧客などの視点から、どんな魅力があるか一つひとつ書き出してもらうのです。マトリクス表にして1マスずつ埋めるようにすると具体化しやすくなってきます。エース級の従業員であれば思った以上に出てくると思います。中には、「このように会社のことを見ていたのか」と経営側として新たな発見もあります。本人達も「改めて考えてみるとうちって結構いい会社だな」という認識も生まれてきます。これはモチベーションの再認識となり大きな効果をもたらします。こうして提出された文言を使って、求職者視点の求人募集メッセージをつくっていきます。

求職者目線で作成すること

従業員へのアンケートを実施

↓

アンケートの中から光るワードを抽出

↓

抽出されたワードを使って求人文章を作成

↓

抽出されたワードを使って自社ＨＰ文を修正

↓

求職者が簡単に問い合わせできるフォームを作成

『会社目線から、求職者目線にする』、そう言われれば理解できる。
しかし、いざ求人をするとなれば、会社目線の労働条件の羅列になり、他社に劣らない労働条件か否かばかり気になってくる。
求人における主人公は、会社ではなく『求職者』である。
顧問先に、このことを意識させることが重要である。

次に、自社ホームページの求人募集ページが求職者から見てわかりやすい場所に配置されているか確認します。現代では多くの人が習慣的にスマートフォンに手を伸ばし検索をすると言っていいでしょう。このとき、何ページも探さないと求人募集ページに行きつかないようではアウトです。その時点で求職者は他社のホームページを検索します。それで求人の問い合わせがないというのは当然のことなのです。また、パソコンよりもスマートフォンでの検索の方が今や主流です。パソコンには求人募集ページがあるのに、スマートフォン版にはないというようでは、対策をしたとはいえません。すぐに求人ページの作成と、自社ホームページのスマートフォン対策をアドバイスしてください。これだけで求人対策の７割は完了と思っていただいて結構です。

　また、求人に載せる写真があればこれも一工夫してください。従業員の皆さんが肩を組んでピースサイン、これは NG です。求職者は知らない集団に新参者として入るですから、結束が堅そうな集団に対しては「自分は馴染むことができるだろうか」という心理が働きます。それより、先輩従業員が優しそうに丁寧に新入社員に教えている写真の方が効果的です。求職者に安心感を与えることができ、問い合わせしてみようという気にさせることができます。くどいようですが、求職者視点で考えてください。

　顧問としての求人に関する人事アドバイスの初級編は以上ですが、ここまででもコンサルティングメニューに十分になります。

効果的な求人募集の出し方

**人事コンサル
の現場から
ケース12**

着眼点：誰に響く必要があるのか、視点を変えること！

顧問先
データ

業種：飲食業、4店舗運営

従業員数：正社員　20人、アルバイト　50人

人事評価制度：なし

経営者：42歳の創業者

　今回は求人問題を取り上げます。

社長「先生、やはり求人募集は上手くいきませんねぇ」

　ここのところ会社の業績が計画通りにいかず、人の問題も解消されない状況に頭を痛めているようであった。特に求人募集問題は自社での対策は難しいものである。社外の人間へのアプローチであるため、勝手が違うのであろう。

顧問「そうですか、どの業界でも似たような状況のようですね。先日、私の顧問先の病院からも相談を受けましてねぇ」

社長「病院もですか？　我々の業界に限ったことかと思っていました。そうですかぁ、そこまで深刻なんですね」

　先ほどにも増して意気消沈のご様子だ。出口の見えない問題を考えるには希望的思考をするべきだと思い、最近あった事例を話してみることにした。

顧問「業界ということはあまり意識されないようにしてください。同じ業界でも求人への問い合わせが多いところと少ないところがありますから」

　求人募集の問い合わせは業界の影響ではなく、求人の方法が左右する。

大津「社長、先ほど話した病院ですが、半年で問い合わせ1件だったのが、今月はもう3件の問い合わせがありましたよ」

社長「えっ？　どういうことですか？　賃金を上げたとかですか？」

顧問「いいえ、賃金は同じ金額ですよ」

社長「それでは勤務時間や休日を変更したとか」

顧問「すべて労働条件は同じです」

社長「それではナゼ増えたんですかっ？」

顧問「医院長に質問したところ、求人方法はハローワーク……」

社長「分かりました！　民間の求人誌にしたということですね。我が社も利用
　　　したいところですが、結構費用がかさみますからねぇ」

顧問「いいえ。すべてハローワークのみですよ」

社長「……」

顧問「２つ改善しただけです。一つ目は求人募集のメッセージです。問い合わ
　　　せが来ないときはこのように記載されていました。"当クリニックでは
　　　医師の施術の補助、○○の業務の他に○○知識も習得して頂きます。自
　　　分の職域にとどまらずオールラウンダーを目指しましょう"。この表現
　　　を変更することにしたんです」

　皆さんはこの求人募集メッセージを見てどう思うであろうか。これではよほ
ど腕に自信がある者か、使命感が強い者にしか響かないと思われる。しかも時
給は最低賃金程度であったため、半年で１件の問い合わせもうなづける話で
あった。

社長「どのように変更をしたのですか。私には当たり前の表現に思えますが」

顧問「求人は出す側の視点ではなく求職者の視点で表現しないと相手には響き
　　　ません。このメッセージでは業務命令のように感じると思います。そこ
　　　で求職者視点の表現に変更してみました」

　ここでは思考の変換が重要となってくる。求職者へ響くメッセージは、今働
いている従業員が一番知っている。そこで従業員に協力してもらい、今の職場
のいいところ、働きやすさ、職場環境、やりがい、楽しいことなどをアンケー
ト的に回答してもらい、その中からメッセージの文言を作成することで働く人
である求職者の心に響くメッセージとなったのだ。

社長「なるほど。逆転の発想ですね。我が社の求人募集メッセージもやはり "私"
　　　の夢や目標が主になっていますね。これでは響かないかぁ」

　求人募集にはよく会社の経営理念を記載しているケースもあるが、ここに惹
かれる人はどれほどいるだろうか。労働条件と経営理念などを羅列して "君の
力を我が社に" と言っても問い合わせにはつながりにくい。

顧問「そうですね、夢の押し付けだけではチョット……」

社長「分かりました先生。ではもう一つの改善を教えてください」

顧問「２つ目は人間の行動様式を考える、ということです。人の行動には一定
　　　の共通した行動があるものです。社長、ハローワークで心に引っかかる
　　　求人を発見したとします。この直後にどのような行動すると思います
　　　か？」

社長「スマホでその会社のことを調べますねぇ」

顧問「そうですね、スマートフォンに手が伸びますよね。先ほどの話でも上がっ
　　　たクリニックは、ホームページは作成していますが、求職者へのメッセー
　　　ジのページがなかったんです。そこで、スマートフォンで検索したトッ
　　　プページに『スタッフ募集中』のページを追加したんです。このページ
　　　内で従業員の声やアンケート結果など、ハローワークの求人欄に書きき
　　　れなかった内容を読みやすく表現してみました」

　実際に改善したことはこの２つだけであるが、その効果は改善前とまったく
違うものであった。

社長「そういうことですか。では我が社のホームページは分かりにくいですね。
　　　反省、いや即改善させます」

┌─ ひとこと ──────────────────────
　　相手がいるときは、自分の思考を意識的に捨て、相手の思考を想像しな
がら対応しなければなりません。求人は、雇用した後に働きやすい環境な
のだとアピールしていくことが重要なカギになります。
└──────────────────────────────

頭に浮かんだ顧問先を書き留めておきましょう

自分のワードとして使えそうなところを書き留めておきましょう

分かりにくかったところを書き留めておきましょう

第 **10** 章

商品戦略

この章では商品戦略について考えてみたいと思います。

　士業の経営に共通していえることは、あまり商品戦略というものを考えていません。第1章で取り上げたように小売業、飲食業は消費者と直接関わるので製造業や問屋より切実に販売戦略を模索しています。その模索の結果、消費者に受け入れられたところだけが生き残ることができます。それほど熾烈な競争が繰り広げられています。我々サービス業は小売、飲食業の後を追随します。時代はワンストップサービスからファストタイムサービスへ提供方法は変化していくでしょう。では提供商品はどうか考察してみましょう。売れ筋商品のことをウォンツ商品といいます。ウォンツ商品は商品リサーチにより発見することができます。今の時代では、インターネットを駆使すれば以前より容易に見つけることができるでしょう。しかし、我々士業はサービスを提供することが仕事ですから、ウォンツ商品を発見し、それを仕入れて販売するというわけにはいきません。サービス業の場合、小売業のウォンツ商品に該当する商品のことをニーズ商品といいます。ニーズ商品とは、相手が望むサービス（作業代行）のことをいいます。具体的にいうと、顧問先が「これをしてくれたら助かるな」というサービスです。このニーズを商品化したものがニーズ商品です。ニーズ商品の開発には時間とコストがかかりますので、安易に手を付けることができません。ニーズを発見し、提供するサービスを開発し、開発したサービスの検証等を行いその結果を評価し、価格を決定し、告知し、契約し、サービスのスタートという流れになります。ウォンツ商品の発見と比べて、ニーズ商品の開発は大変であることはいうまでもありません。特に、商品開発は大変です。しかし、商品戦略はニーズ商品開発だけではありません。ここも小売飲食業から学ぶことができます。小売業がどのように動いてきたかを分析することは、サービス業にとって大きなヒントを得ることができます。

　一例を挙げて考えてみましょう。ここに1件のコロッケ屋があったとします。この店では名物のジャガイモコロッケ（1個100円）が人気でした。この店の店名をA商店とします。このA商店の隣に、新たなコロッケ屋B商店がオー

プンしました。B商店の商品もA商店と同じ1個100円のジャガイモコロッケ
でした。味は両店ともに同レベルの美味しさです。A商店の売り上げはどう
なったでしょう。味・価格・立地・商圏人口が同じであれば、売上は半分にな
ります。A店の店主から、味は・価格そのままで売上げを取り戻したいと相
談を受けたとします。顧問として、どんなアドバイスをしますか。士業の方を
対象としたセミナーでこの質問をしたことがありますが、未だ正解者に会った
ことがありません。我々士業においては競合はあったとしても、まだ飽和状態
でないため競争になることがない、だからこのA店の店主の悩みと同じよう
な体験をする機会がない、よって明確なアドバイスができない、といったとこ
ろだと思います。小売飲食業では明確な解決策があります。その策とは品目数
を増やすことです。このケースであれば、ジャガイモコロッケの他に牛肉コロッ
ケ、クリームコロッケ、野菜コロッケなどの品目数をB商店が真似できない
くらい圧倒的に増やしたとします。価格帯が同じであれば顧客は戻ってきます。
さらに味、品質、量を変えずに価格を下げれば圧勝できます。言うは易しです
が、これを実現するためには相当な企業努力が必要です。この企業努力合戦が
小売飲食業で常に繰り広げられていることを頭に入れておいていただきたいと
ころです。

　これは我々士業にも同じ現象が生じます。だとすれば、サービスのラインナッ
プ（品目数）を増やせば、市場からの支持は高まるということになります。商
品戦略を考える場合、新たなニーズ商品開発より簡単でローコスト、ローリス
クです。では、どんなラインナップを整えるかが課題になります。私としまし
てはぜひ『人件費マネジメント』を加えて欲しいところです。人件費マネジメ
ントの他にも、人をテーマにしたサービスは多岐に渡ります（採用、研修、教
育訓練、制度設計から構築、モチベーション、離職防止、配置、異動など）。
品目数対策には有効だという思考に切り替えていただければと思います。
　キャッシュフローから人事へのアドバイスの展開が、まさに今求められてい

るニーズだと思います。しかし、ここには大きな壁があるように感じます。その壁とは価格の壁です。顧問先が望んでいること（ニーズ）を商品化でき、その商品提供の価格を顧問先が支払ってもいいと思える金額より低く設定すれば、そのサービスを知った段階で受注に繋がります（当たり前のことですが、この現象になることに気づいていない方が多くいらっしゃいます）。しかし、いくら望んでいたとしても価格が折り合わなければ依頼できません。商品ラインナップを検討する場合は依頼できる価格（これを市価といいます）で提供できるようにすること、これが士業の企業努力だと思います。

顧問料が同じ、クオリティも同じであれば、A事務所とB事務所はどちらが市場から支持されるでしょうか？
人件費を起点にした『人事顧問』という新たなスタイルは、事務所のサービス商品の品目数を有効的に増やすことになります。

A事務所

【サービスラインナップ】

■記帳、手続代行
■行政調査立ち合い
■相談対応、専門分野のアドバイス、情報提供

この部分は
『過去』の処理

B事務所

【サービスラインナップ】

■記帳、手続代行
■行政調査立ち合い
■相談対応、専門分野のアドバイス、情報提供

この部分は
『過去』の処理

■事業計画の立案
■キャッシュフロー経営指南（分配率コントロール）
■人件費マネジメント
■人事考課運用サポート
■社外ハラスメント受付窓口

この部分は
『ミライ』づくり

第 **11** 章

人事をテーマにした
顧問先との関わり方

1 顧問先に感動を与える

　私は16年以上社労士として顧問先と関わっていますが、新規の顧問先は全て他の同業者からの委託替えです。その理由は、「顧問としてもっと会社のことを考えて欲しい」という当たり前のことです。顧問が手続きの代行屋になってしまっている実態が、そこにはあるように感じます。AIの時代になれば、顧問先とのコミュニケーションが今以上に必要になってくることは間違いありません。そこでこの章では顧問先との関係について考察したいと思います。今後、顧問先との関わり方で一番重要になることが顧問先とのコミュニケーションだと述べましたが、コミュニケーションと一言でいっても、どのようにすれば相手に響くのか、喜ばれるのか、という顧問先の立場になって考える必要があります。顧問先からどのように思われているか判断する基準の一例を紹介します。まずはじめに、自分の関わり方で顧問先が満足しているか満足していないか（不満）を、率直に考えてください。満足だろうと感じたら仕事を通じて感動を与えているか、あるいは感動を与えたことがあるか考えてみてください。この感動が蓄積すると顧問先の経営者は顧問に対して感謝をしてくれるようになります。一度感謝を感じていただくと、その後の関係も良い関係が継続します。ですから、我々顧問は、ちょっとしたことでもいいので感動を感じてもらうように仕掛けていかなければなりません。想像してみてください。税理士の方が「今度、人件費を視点とした人事のこともアドバイスできるようにしていきたいと思います」と顧問先に告げたとします。すると「それはありがたいですね。でもどうして税理士が人事なのですか」このようなことを感じられると思います。そうしたらこのように回答します。「中小企業には人事部もありませんし、仮に社外に人事のプランニングやアドバイスを求めたら膨大な費用がかかります。私の顧問先にそのような負担はなるべく避けたいと思いまして。だったら私どもの事務所がお手伝いできるようになることが一番かと……」どうでしょうか、おそらくちょっとした感動が生まれると思いませんか。もしかしたら「そ

こまで我が社のこと考えてもらってありがとうございます」と一気に感謝まで
いくかもしれません。なぜなら、ほとんどの経営者は人事に関する悩みを持っ
ているからです。税理士が人事アドバイスの武器を身につけることは、感動か
ら感謝へ導く鍵を持つことになるのです。私は「税理士に人事」を「鬼に金棒」
と言うようにもしています。

　ただ、『鬼に金棒』となるまでは、少しだけスキルアップする必要があります。
言うまでもなく、顧問先の問題を解決するお手伝いが顧問の仕事の一つでもあ

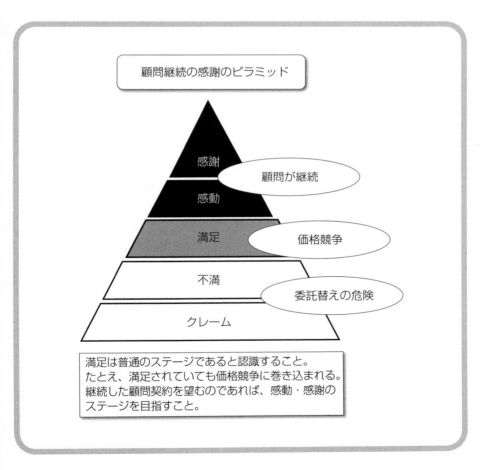

193

ります。顧問先の問題の多くは資金のことと従業員のことです。資金については
①キャッシュイン、②キャッシュアウト、③使い方、の3つの観点から対策を講
じることになると思います。しかし、従業員問題はパターンで分けて考察する
ことが難しいと思ってください。問題には表面的なことと本質的なことがあり、
多くの顧問は表面的なことから解決をこころみようとします。例えば、人件費
が増えたという問題が生じたとします。確認したところ残業が増えたというこ
とが分かりました。この残業時間の増加は、表面的な問題点です。ここでアド
バイスをする場合、一番ダメなものは「人件費を抑えてください」だけのアド
バイスです。これは顧問先でも分かっている内容です。では「残業時間が増え
ているようなので、残業時間を抑えてください」というアドバイスはどうでしょ
うか。先ほどのアドバイスよりはいいですが、このアドバイスで問題は解消で
きるでしょうか。おそらく解消できないと思います。こういうときは、更に原
因の深堀をします。顧問先に深堀の質問をします。「残業時間が増えた原因は
何ですか」、多くの場合は売上が増えたからということになりますが、売上が
増えていないのに残業が増えたというケースも、想定以上に多くあります。そ
の原因を顧問先と一緒に推測、対策を講じていかなくてはなりません。ここで、
皆さんに私が使っている対策方法を見つける手法を紹介します。是非顧問先で
活用してください。その方法とは『できない要因は6つある』というものです。

　できなかった要因は、大きく時間の問題が影響します。できなかった要因が
時間が足りなかったからという場合は、その要因はさらに2つに分類されます。
一つは仕事量の問題です。十分な能力、スキルがあったとしても、こなせる量
を超えた仕事量であればできるはずはありません。これが一つ目の要因。もう
一つは仕組みの問題です。以前こういう事がありました。製造業の顧問先で、
製造のプランニングする部署の残業時間が増えたことがありました。そこでヒ
アリングを実施したところ、営業担当者が受注した社内伝票が、プランニング
の部署に回ってくるのが毎日夕方になるという事実が分かりました。営業マン
が会社に戻ってから受注伝票を作成するので夕方になるのです。この習慣は何

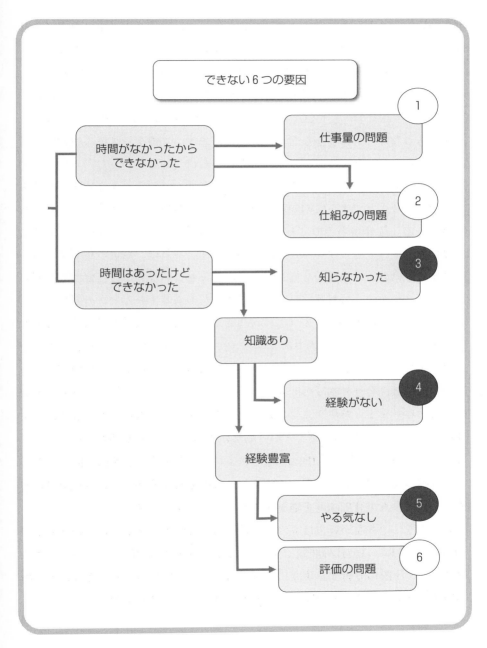

195

年も続いているものでした。この問題を解決するには2つの仕組みを変更すれば解決します。一つはプランニング部署の出勤時間を受注伝票に合わせる。もう一つは、営業マンが受注伝票を日中に1回会社に連絡する。そうすることで、早くプランニング部署が受け取ることが可能になる。至って単純な仕組みの変更ですが、これで予定していた時間内に仕事が終わるようになりました。次に、時間はあったけどできなかったケースがあります。このケースは4つの要因に分類することができます。一つ目の要因、それは『知らなかった』というケース。やり方を知らなければできるはずがありません。できるようにするには知識を投与することです。この知識の投与のことを教育といいます（これも共通言語である。教育担当者のことをインストラクターという）。しかし、知識は十分にあったけどできなかったことがあります。それは、経験不足です。頭では分かってはいるが、まだ2回しかやったことがないなど十分に習得できていないケースです。この対策は経験を投与するしかありません。この経験の投与のことを『訓練』といいます（これも共通言語である。訓練担当者のことをトレーナーという）。時間もあり、知識も十分で、経験豊富、でもできなかったというケースがあります。それは、一つは本人のモチベーションの問題、そしてもう一つは、会社の制度の問題です。モチベーションの問題は、本人の内面の問題になります。解決するには、カウンセリングしか方法がありません。寄り添う気持ちで傾聴（話を聴くという姿勢が大事）することが必要になります。もう一つの会社の制度の問題とは、「やってもやらなくても評価は同じ、だったら真剣にならない」というものです。この問題を多く感じている従業員が増えてくれば、人事評価制度を構築するという対策を講じます。

このようにできない要因は6つに分類することができますが、このうち半分（前頁・①②⑥）は会社の問題です。『できない＝従業員の問題』という思考を取り除き、冷静に分析するようにしなければいつまでたってもできないままの状態が続きます。顧問の目で正しい要因を見つけてあげてください。

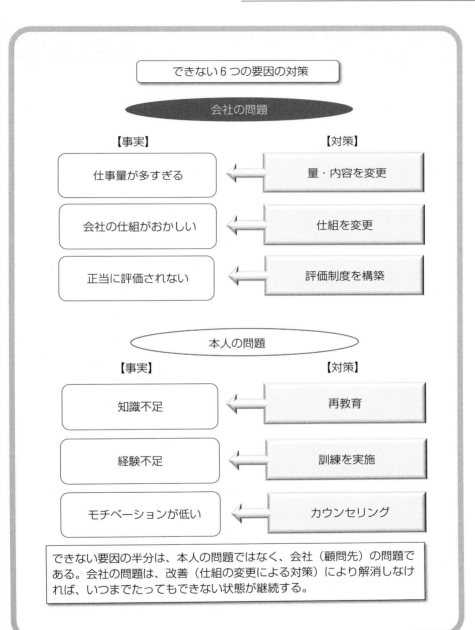

できない６つの要因の対策

会社の問題

【事実】		【対策】
仕事量が多すぎる	←	量・内容を変更
会社の仕組がおかしい	←	仕組を変更
正当に評価されない	←	評価制度を構築

本人の問題

【事実】		【対策】
知識不足	←	再教育
経験不足	←	訓練を実施
モチベーションが低い	←	カウンセリング

できない要因の半分は、本人の問題ではなく、会社（顧問先）の問題である。会社の問題は、改善（仕組の変更による対策）により解消しなければ、いつまでたってもできない状態が継続する。

2　コンサルタントと顧問の違い

　コンサルタントと顧問の決定的な違いは契約期間です。コンサルタントとの契約は成果物の内容と期間を明確にします。「何を・いつまでに・いくらで」を明確にします。しかし、顧問契約はどうでしょうか。「何を・いつまでに」といった短期的な契約が馴染むでしょうか。私も16年社労士事務所を経営しておりますが、長い付き合いで16年の顧問契約継続中の法人は数社存在しています。しかし顧問の特徴として、顧問料というものはコンサルフィーに比べて一般的に安価です。顧問スタイルは農耕型で、コンサルスタイルは狩猟型と表現することもできます。どちらがいいかは個人のキャラクターにもよりますが、サブスクリプションが主流の昨今、定額性の顧問スタイルは今後も支持されるでしょう。そうすると、士業としてはサブスクリプションの単価を少しずつ上げる仕組みを考えるべきです。月3万円であればまずは4万円にするにはどうするか。『2倍に！』など提案はいたしません。突然の2倍は無理ですし、少なくとも2倍の労力がかかり不経済です。労力を掛けずに少し顧問料を上げる手法がベターではないでしょうか。コンサルタントとして月額20万円や30万円が請求可能といった様々なコンサルタント養成講座なるものが開催されています。確かに高額は魅力的です。しかし、20万円であれば顧客は20万円以上の価値を感じなければ依頼しません。さらに言うなれば、小売りと違って目に見えないものにお金を支払っていただかなければなりません。しかも、高額契約は必ず明確な契約期間が存在しますし、期待される成果も費用対効果もいいと感じていただくことが、契約更新の必須条件になります。高額手法はリスクも伴うのです。では農耕型の顧問契約で顧問料を上げるには具体的にどうすればいいか考察してみましょう。顧問料アップには①単純に料金を上げる、②サービス範囲を広げてそれに見合う料金を追加する、この2つしかありません。

　私を含めて多くの士業の方は単純値上げを顧問先に切り出すことにストレスを感じるはずです。事務所の職員の方ならなおさらです。そうであれば顧問料

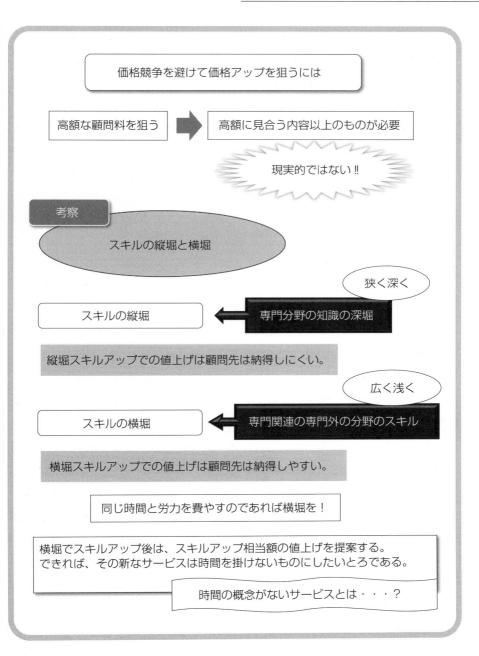

価格競争を避けて価格アップを狙うには

高額な顧問料を狙う　→　高額に見合う内容以上のものが必要

現実的ではない‼

考察

スキルの縦堀と横堀

狭く深く

スキルの縦堀　←　専門分野の知識の深堀

縦堀スキルアップでの値上げは顧問先は納得しにくい。

広く浅く

スキルの横堀　←　専門関連の専門外の分野のスキル

横堀スキルアップでの値上げは顧問先は納得しやすい。

同じ時間と労力を費やすのであれば横堀を！

横堀でスキルアップ後は、スキルアップ相当額の値上げを提案する。
できれば、その新なサービスは時間を掛けないものにしたいとろである。

時間の概念がないサービスとは・・・？

をアップするには②の手法を選択せざるを得ません。しかし、ここにまた大きな壁が立ちはだかります。今度の壁は時間という壁です。サービスを作業の対価とするならば、ここには必ず時間が存在してしまいます。これを打破するには時間の概念がないサービスを検討しなければなりません。

　ではこれを考えるために定義からヒントを見つけてみましょう。サービス業の定義をご存知でしょうか。サービス業とはサービスをする仕事という考えは捨ててください。サービス業の定義とは次の２つをいいます。①作業を代行して対価を得ることと、②所有しているものを使用させて対価を得ることです。ほとんどの士業の場合、①の作業代行になります。申告書の作成と提出を代行するのが主な顧問の仕事ですから。ここには時間の壁がつきものです。では②には時間という概念はあるでしょうか。レンタルビジネスをイメージしてみてください。レンタルビジネスは、所有している DVD（資産）を使用させて、レンタル料という対価をもらいます（収入）。レンタルというサービスはサービスを提供していますが、その提供するサービスの内容は労力ではなくて、時間というものです。顧問料アップを検討する場合は、持っている資産を活用した使用料収入を追加する、という形がベストです。この資産で有効なものがクラウドシステムです。例えば、資金繰りソフトを独自で開発し、顧問先に使用していただき毎月管理料と使用料を請求する。そして、そのシステムからより高度な資金繰りアドバイスを定期の訪問時に実施する。どうでしょうか。時間を掛けずに確実に顧問料をアップできると思いませんか。自主での開発はハードルが高いのであれば、他社が開発した顧問先に喜ばれるシステムを見つけ、アドバイスという付加価値をつけて提供すれば一気にハードルは低くなります。自主開発は膨大な開発コストとサーバー代、保守管理料が毎月のランニングコストとしてかかりますので、どうしてもハイリスクになってしまいます。

　いずれにしましても、５Ｇ時代が始まった昨今、今後の顧問料の内訳に「システム使用料」の項目があることが珍しくないという時代になってくるでしょう。変化に対応できることが事務所継続の大きなキーワードになりそうです。

時間の概念がないサービスを模索する

そもそも、サービス業って何？

① 作業を代行して報酬を得る

② 所有している資産を使用させて報酬を得る

②を模索せよ！

労働集約型ビジネス
からの脱却

ウオンツ商品

を 探す

難易度：低

ニーズ商品

を 開発する

難易度：高

自分が提供するアイテムで、資産化できるものの中からレンタルできる
サービスを模索すること。士業ビジネスは、小売りできるものが少ない
ので、労働集約型ビジネスからの脱却はこれしかない！

ニーズ商品の開発には多額の費用が掛かる最大のデメリットがある。
ニーズ商品を作るか、自ら探して見つけるか。これができるかが勝敗を分ける。

課題

3 人件費マネジメントの最大のメリット

　最後に人件費をテーマにした人事アドバイスの最大のメリットをお話しします。

　先日、ある税理士事務所で職員向けの人件費マネジメントの研修を実施したときのことです。

　私が提唱する人件費マネジメントには、適正な従業員人員数と適正な人件費、そして人件費クオリティの３つの数値を使います。人件費クオリティにはモチベーションポイントを反映するようにしており、そのため事前に職員の方全員を対象にモチベーションアンケートを実施しました。その結果、一番の問題点は疲労感が高いということでした。ひと言でいうと労働時間が長い。これを解消するには改善をしなければなりません。改善とは行動と習慣の変更で行う施策ですから、一番時間を要する行動から尋ねました。すると顧問先との電話の時間（１回30分程度）と移動時間でした。更に「来所していただくことをなぜ考えないのですか」と尋ねました。すると訪問することが習慣だと回答。どう感じられますか。おそらく当たり前と感じられると思います。もし、全て来所していただければ非常に大きな改善になりませんか。

　世の中のビジネスは訪問型から来店型になっています。サービス業も検討すべきです。まさに働き方改革です。これまでのサービスのままではなかなか難しいでしょう。しかし、もしサービスに人件費マネジメントを追加すると話は変わってきます。人件費マネジメントは顧問先の従業員のことが中心になります。従業員の話は顧問先の会社内ではやりにくくなります。従業員に聞かれたくない内容だからです。これを理由に訪問型から来所型に提案しやすくなります。私も人件費マネジメントを顧問先に実施しているケースでは、来所していただいております。私の場合は来所でないと人件費マネジメントサービスは受けられないと説明して納得していただいております。

　顧問料がアップして来所型になるとなれば、『鬼に金棒＋一石二鳥』となり

ます。この本を読んで少しハードルが高い内容だと思われたでしょうか。しかし誰にでもできる簡単なことでは他との差別化にはなりません。新しいことをまずやってみるという思考の転換さえできれば、乗り越えられるハードルの高さだと私は思います。人件費マネジメントは税理士の方々にとって非常に有益なものになる、という私の持論をご理解いただけたでしょうか。弁護士事務所へは来所が当たり前の習慣です。提案するのはその同じ顧問先です。そして税理士も同じ顧問です。来所型に切り替える根拠を明確に示すことができるこの機会に、顧問先に提案してみてはいかがでしょうか。一度チャレンジしてみてください。

できない要素は 6 つある

着眼点：表面ではなく本質を見抜く思考

顧問先
データ

業種：小売業　5 店舗

従業員数：正社員　20人、アルバイト　35人

人事評価制度：あり

経営者：58 歳の 2 代目社長

社長「先生、うちの社員に長野という者がいるんですが。この長野の仕事が遅
　　　くて困っているんですよ。それで、就業時間内に仕事が終わらないので
　　　残業ですよ、残業！　もうほとんど毎日残業しています。終わらないの
　　　ならば時間外になっても終わらせて帰る心がけはいいんですがね、こっ
　　　ちは残業代の支払いがありますから！　きついですよね」

　この顧問先は、業績が厳しい状況にあり、そこにきて必要以上の残業代の支
出が継続しているとあって、怒り心頭の状態であった。

社長「それで、同じような仕事をしている山口という者がいます。この山口の
　　　仕事はきちんとしていて、終業時間にはもう仕事は片付いて定時には
　　　帰っています。結果とし残業代も支給する必要もありません。同一労働
　　　同一賃金だから長野に支払う残業代は必要ないと言いたいところです
　　　よ！」

　社長の主張は十分理解できる。最近はジョブ型という働き方も主流になりつ
つあり、同じ仕事をしているのに、最終的な賃金額が違うことに納得がいかな
いようであった。

顧問「なるほど……。社長、この手の相談は労働基準監督署に寄せられる相談
　　　の中でもとても多いようですね。多くの社長さんの人事戦略上の悩みと

でも言いましょうか……。」

　感情を抑えられない社長は、私の話をさえぎって話だした。

社長「問題は残業代です。おかしいと思いませんか？　仕事をきちっとする山
　　　口よりも、仕事ができない長野の方が年収が多くなるんです。私は納得
　　　いきません。長野には残業代を払う必要はないと思うんですが……。」

　ヒートアップしてきた社長は、ここで一旦話を止めて私の答えをうかがって
いる様子である。確かに社長の考え方も完全否定できるものではない。私も従
業員を抱える同じ立場であるため十分理解できるのである。

顧問「社長のお考えも十分分かりますよ。それでは……、私から一つ質問をし
　　　たいのですが。」

社長「はぁ、なんでしょ？」

顧問「今回のご相談の内容で考えると、誰に一番問題があると思いますか？」

　問題解決をするには、その問題の本質を見つけて、それを解消しなければ、
必ず問題は再発する。そこで、根本的なことを質問してみた。

社長「そりゃ先生、長野でしょう。終わらないのは長野自身だから、だいたい
　　　彼はやる気があるんでしょうか……。」

　予想通りの回答である。まずこの質問をすると、ほとんどの確率でできない
従業員が悪いと考えるものである。

顧問「社長のお考えはよく分かりました。では、時間内に仕事が終わらない要
　　　因はいくつあると思いますか？」

社長「要因……？　ですかぁ。ん〜……、やる気と積極性と……」

　できない要因を列挙するように質問をしても明確に回答できる人はゼロに等
しい。この社長も例外ではなく、全く分かっていないようである。

顧問「時間内に仕事ができなかった要因は６つあります。まず、できなかった
　　　要因を次の２つに分類します。【時間がなかったからできなかった】組
　　　と【時間はあったけど時間内にできなかった】組の２つです。時間がな
　　　かったからできなかった組には、仕事量と仕組みの問題があります。要

205

因その１、仕事の量が適正ではなかった。要因その２、仕事の量は適正
　　　であったが仕事のスピードが上がる仕組みができていなかった。ここま
　　　では分かりますか？」

社長「はぁ分かりますよ。だから、仕事の量を見直すか、会社としての業務の
　　　仕組みを見直すということですよねぇ。」

　ヒートアップの社長は、少しずつクールダウンして冷静な判断ができるよう
になってきたようであった。

顧問「そうです、では次にいきますよ。時間はあったけどできなかった組には、
　　　教育訓練を中心とした問題があります。要因その３、やり方を知らなかっ
　　　た。これへの対処方法は知らない知識の投入、つまり教育を行うことし
　　　かありません。続いて要因その４、やり方は知っていたができなかった。
　　　つまり、まだ２回しかやったことがないなど、経験不足だったとういう
　　　ことです。これの対処方法はできるようになるまで訓練をするしかあり
　　　ません。そして、時間のあるなしにかかわらず、【やる気がなかったか
　　　ら仕事が終わらなかった】という問題があります。これはさらに、社内
　　　制度に対するものと個人的なものに分かれます。要因その５、やる気が
　　　出る社内制度でない。要因その６、理由はわからないが本人にやる気が
　　　ない。要因その５については社内制度について改善する必要があります
　　　し、その６については、カウンセリングを実施することが必要になりま
　　　す。このように終わらなかった要因には以上の６つがあります。お分か
　　　りいただけますか？」

社長「ということは長野がこのできなかった要因のどこに入るかを判断する必
　　　要があるということですね。頭ごなしに従業員の問題と決めつけるのは、
　　　だめだということですか。」

　少し反省の様子の社長であった。本質が見えてきたようである。

顧問「その通りです。１から６までのどの要因に該当するかを見つけて、しか
　　　るべき対処をしない限り、長野さんの残業はなくならないということに

なりますよね。先程、誰が悪いかという少々意地悪な質問をしましたが、長野さんの資質に問題があるのではなく、教育訓練システムを中心とした会社側、極端にいえばトップの考え方に問題があったということになることもあります。耳の痛い話をしまして申し訳ございません。ただ本当のことを分かっていただきたかったのです。」

ひとこと

　できない要因の本質が分からないと間違った対策を講じてしまう危険性があります。その結果、いつまでたってもできるようにはなりません。できなかった要因を追求する習慣は会社を大きく成長させます。

頭に浮かんだ顧問先を書き留めておきましょう

自分のワードとして使えそうなところを書き留めておきましょう

分かりにくかったところを書き留めておきましょう

第 12 章

人件費マネジメントの提案の手法

1 人件費マネジメントの進め方

　コロナショックにより、社会は一変しました。リモートワークも珍しくなく
なり、働く環境も大きく変わってきています。また、従来型の接客中心の事業
で、環境の変化に対応できない会社は、経営の継続が困難になっていくでしょ
う。困難の最大の原因は資金繰りの悪化です。この問題は、人件費と固定費の
見直し、あるいは削減ということが大きな課題になってきます。今まで以上に、
人件費についての相談は多くなっていきます。

　では、顧問が具体的に人件費マネジメントを進めていくにはどうすればいい
か、ということについて考えてみたいと思います。

　人件費は賃金の集合体です。人件費を削減するということは、個別の賃金を
削減することです。ここで、賃金の削減は即賃金カットという思考はなくして
ください。そして、賃金は労働時間に連動する、という思考に変えてください。
労働時間が増えれば賃金も増えます。逆に、労働時間が短くなれば賃金も少な
くなります。これは当然のことです。ということは、人件費キャッシュフロー
を抑えるには、労働時間を抑えればいいのです（単純に残業代を抑えるという
ことではない）。その『労働時間』は、換言すれば『動作の時間』でもありま
す。そうであれば、動作そのものを削減すればいいのです。動作の集合体は作
業です。前述したとおり、一般的に一つの作業は、約20の動作から構成される
と言われています。もし、一つの作業をなくすことができれば、約20の動作が
なくなります。そうすると、20動作に対応する労働時間が削減されることにな
ります。その結果、賃金も連動して抑えられます（労働契約で締結した労働時
間を下回ることになれば、労働条件の変更等の対応が必要になりますが、ここ
では割愛します）。

　このように、動作を起点に対策を講じていけば、抜本的な改善（改善とは行
動と習慣の変更で講じる対策）ができます。更に続けます。第5章で、作業の
集合体が職務ということはお話しました。一番効果的な対策は、この職務その

210

人件費の本質

人件費は賃金の集合体である

人件費

賃金　賃金　賃金　賃金　賃金　賃金　賃金　賃金　賃金　賃金　賃金　賃金

動作が発生

ここを改善せよ！

労働時間が発生

賃金が発生

人件費の削減は
動作の削減という
思考を持つこと！

人件費が上がる

ものをなくすことです。確かに、職務そのものをなくすことは、かなりハードルが高くなります。しかし、働き方の変化や、リモートワークの出現などにより、職務そのものを見直す時期にもきています。そのときに、アウトソーシング等も踏まえて、職務をなくすといった大きなテーマにチャレンジしてはいかがでしょうか。一つの職務は150〜200程度の作業から構成されます。作業は約20の動作の集合体ですから、もし一つの職務を無くすことができれば約4,000動作（200作業×20動作）を無くすことができます。

　職務について検討の結果、職務をなくせないのであれば、職務を"まとめられないか"ということを検討してください。職務をまとめることができれば、結果的に作業数を減らすことに連動します。ここで大事なことは、改革という思考（アウトソーシングという思考ではない）で取り組むということです。改革ですから、仕組の変更による対策です。具体的には、システムの導入、業務フローの見直し、ペーパーレス・キャッシュレス化などです。改革が進めば、作業数の削減とスピードアップが期待できます。

　今後、働き方でジョブ型が当たり前になっていけば、アウトソーシングに加えて、雇用契約から業務委託契約も珍しくないという時代になっていきます。その点を頭に入れて、顧問先の職務の種類とその内容を考察してみてください。新たな発見があるはずです。社内の人間よりも、社外の目の方が見えるものが違うから、顧問が適任なのです。

　次に具体的な手法を考えてみましょう。

　人件費を10％削減するには10％の動作を削減すれば達成する、という仮説を立てます。全動作を10％削減するには、①すべての作業を構成する動作を平均20動作から平均18動作にする、②職務を構成する作業を200作業から180作業にする、③職務の数が10であれば職務を9にする。

　論理的にはこの①②③を顧問先に合わせて組み合わせていけばいいことになります。ここでは簡単に言っていますが、実現するには仕組みの変更が伴いますから中期計画となり、コストも生じることになるでしょう。一番コストがか

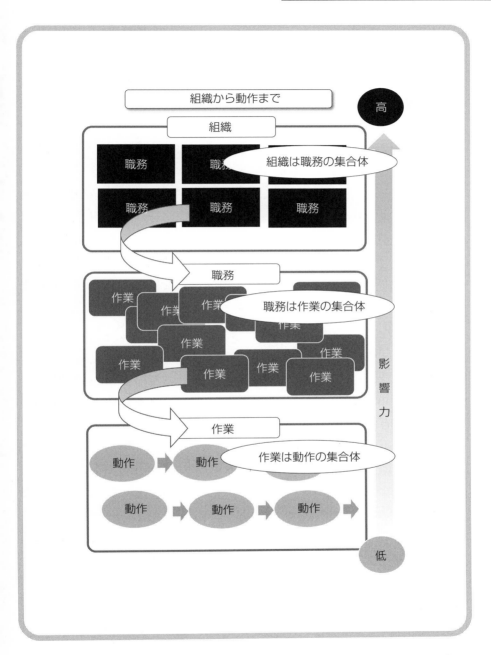

からず、短期的に実施できるのは①のすべての作業の動作数を10％削減することです。

　しかし、これを実現するには、全従業員の十分な理解と協力が必定になるため、強いリーダーシップと十分な管理体制が求められます。顧問先と十分に検討する必要があります。抜本的な人件費改革をするのであれば③→②→①の順番で取り組みましょう。業種業態にでも取り組み順序は違ってきますから、顧問先の方針及び予算を考慮しながら提案をしてみてください。

　次に、緊急レベルに応じて進めていきます。人件費の問題は、資金繰りの緊急性に応じて進め方が異なるので、３つのフェーズに分けて検討します。①緊急を要する短期的対策を要するフェーズ、②中期的にマネジメント体制を整えるフェーズ、そして③長期的視点で業態変更を見据えて組織再構築をするフェーズ、の３つです。ワンパターンのアドバイスをするのではなく、顧問先の状況の応じたアドバイスをしてください。

① 緊急かつ短期的フェーズ

　このフェーズは、マネジメントという施策では間に合いません。人間に例えるならば、緊急手術のイメージで取り組まなければなりません。一般的に言われる人件費削減のスキームとなります。早期退職制度、退職勧奨や整理解雇といった対策を取らざるを得ないため、顧問弁護士・社労士を交えて対策を講じなければなりません（顧問先に法的リスクというものが生じてくるため）。時間の猶予が少ないケースが多いと思われますが、慎重に進めていかなければなりません。よくある人件費削減の対策セミナーは、このフェーズが主になります。今後は、これをテーマにしたセミナーなど多くなってくるでしょう。参加すれば、詳細な情報も比較的取得しやすくなると思います。

② マネジメント体制への中期的フェーズ

　中期的時間としては２〜３年を前提として取り組みます。中期目標を定め、

3つのフェーズ

【人間の体でイメージしましょう】

	会　　社	人　　間
フェーズ1 緊急事態 【短期対策】	人件費キャッシュ フロー対策 整理解雇を 想定して対応	緊急手術などの 外科的処置
フェーズ2 立て直し 【中期対策】	マネジメント による対策 短期予定と中期目標	体質改善 （日常の食生活の改善、 適度な運動など）
フェーズ3 やり直し 【長期対策】	経営のスクラップ ＆ビルド 変革の提案	生活環境を変更 （生活基盤を変え、 ストレスフリーな 健康生活へ）

顧問先が、今どのフェーズに
該当するか正しく判断

フェーズ1ではマネジメントで対策を講じることはできない。
しかし、フェーズ2でマネジメントではなくフェーズ1の対策を講じる
ケースが多くある。
この判断を誤ると、トラブルが生じる確率も高くなってくる。
正しい判断をするためには、必要な知識と情報の収集が重要である。

短期的予定を細かく設定し実態を検証していくことになります。短期対策では
ありませんから、人件費マネジメントに一番取り組みやすいフェーズになりま
す。人件費キャッシュフロー、従業員人員数、人件費クオリティのそれぞれの
目標をしっかり設定し、継続的に取り組んでください。

③ 組織再構築を考慮した長期的フェーズ

　コロナショックで市場が大きく変わってきます。それに対応する業態へ変革
していかなければなりません。そうすると、提供するもの自体が変わっていく
ことになるため、それに合わせて組織を再構築する必要が生じます。スクラッ
プアンドビルドに近い形になるため、人件費マネジメントも０から体制を整備
することができます。例えば、飲食店の場合、コロナショック前は店舗で飲食
物を提供する事業体で、１日に平均100人の来店があっていたとします。コロ
ナショック後、ワクチンや治療薬ができて安心できる社会になったとき、100
人が来店する店舗になるでしょうか。残念ながら来店数100人は、厳しいでしょ
う。自粛中に市場は来店以外で楽しめる飲食の利用を経験しました。テイクア
ウトで十分に美味しい、そして宅配で便利、しかも安い、といったことを体験
してしまったのです。つまり、外部の飲食物を利用する人が100人いたとして
も、来店して利用する人と、自宅で利用する人に分かれるので、100％来店に
はならないということです。自論ですが、店舗はふらりと立ち寄る店舗から、
完全目的来店型店舗にしなければ集客は難しくなると思います。そうすれば、
飲食店は『飲食物を提供する会社』に変革しなければなりません。そうすると、
組織も店舗営業中心の職務から、商品及び提供スタイルを開発する職務を含め
たものに変更しなければなりません。職務内容が変わるということは、作業内
容、そして動作も変わってきます。その結果、必要な労働時間数も違ってきま
す。

　１つの例を出しましたが、このようにこのフェーズは、０から考える思考が
顧問に求められます。この思考になるには、センスが伴ってきますからマネジ

メントの提案のように標準化は難しい状況になります。数名でのプロジェクト
を組んで検討するなど、顧問先に最良な方法を見つけるために知恵を出してく
ださい。

　ここで、私の大学院の恩師の言葉を紹介します。
「情報が蓄積すると知識になる。知識が蓄積すると知恵がでる。学問をする理
由は、ほんの少しだけ未来が見えるからだ」
　知恵がでなければ、徹底的な情報収集から始めてはいかがでしょうか。

2　人件費クオリティの重要性

　人件費クオリティの向上を図るには、モチベーション調査が有効であると前
述しました。人件費クオリティの要素には離職損失とハラスメントの有無も含
めると、そのレベルも向上します。離職損失とは、入社をしたけれどもすぐに
辞めてしまうときに生じる損失のことを言います。これについては標準的な定
義がありませんので、ここで一つの定義を作ることにします。

　従業員を採用するには次のステップを踏みます。
① 　募集
② 　面接
③ 　採用
④ 　教育訓練（OFF-JT）
⑤ 　実施研修（OJT）

　募集をするには、採用計画を立案し求人をします。この立案は、労働条件の
みならず、会社の方向性に合った人物像を明確にし、求職者に訴求する顧問先
の強みや魅力を洗い出すなど多岐にわたります。想定以上の時間と労力を要す
ると考えておきましょう。求人は民間会社の媒体を利用したり、ハローワーク
を活用することになります。同時に自社ホームページに求人ページを追加する
など、労力とコストが掛かってきます。新卒採用をする場合は学校訪問やハロー

ワーク対応など、顧問先の担当者の負担は大きくなってきます。会社説明会などを開催して、ようやく面接をするわけですが、面接にも条件に合致するか、また本心や本音を見極めるための質問事項の準備、といった企画も必要になってきます。会場の選定や、日時調整、面接者の選定、TOP面接までするとなれば、その調整等、顧問が考える以上に顧問先の負担はあるものです。面接後は採用の有無を判断しますが、これにも工程があります。晴れて採用者が決定すると、その者を対象にオリエンテーションや新人研修を実施します（OFF-JT）。中小企業の場合、社内に教育訓練部署をもつ余裕がありませんから、自社でできないようであれば外部に委託することになります。それが終わると現場での実地研修（OJT）がスタートします。

　業種にもよりますが、独り立ちするまで1年間程度を要するのが一般的でしょう。この間に要した費用、担当者及び本人の人件費は、全て投資ということになります。この投資を回収しない状態で離職すると、投資が損失になります。この損失のことを離職損失と言います。離職損失の額は外部に委託したコスト以外は、会計上明確に表示されることはなく人件費に含まれた状態になりますから目に見えにくい損失になります。顧問としては、離職損失を円の単位で見える化して顧問先に提示して頂きたいところです。

　また、離職の原因にはハラスメントが潜んでいる場合も多くあります。ハラスメントにはその有無（事実）だけではなく、実害はなくとも、ハラスメントを感じている『従業員の気持ち』を含めて検討すべきです。

　人件費クオリティには、モチベーション以外にも離職損失やハラスメントも大きく影響しますが、クオリティは『状態』なので、数値化が難しいという難点があります。数値化ができるものから取り入れて人件費クオリティを判断していくようにしてください。

人件費マネジメントの全体イメージ

人件費マネジメント

数値目標

■　人件費キャッシュフロー

■　従業員人員数

状態目標

■　人件費クオリティ
人件費クオリティを構成するもの

①　モチベーション

②　離職損失

③　ハラスメント

3 人件費マネジメントの市場

　社会保険労務士は人件費ではなく『賃金』という表現を通常使います。賃金は労働（時間）の対価として労働者に支払われるものです。全ての労働者に支払われる賃金の合計金額は賃金総額と表現します。しかし、経営者の口からは人件費というワードは出てきますが、賃金というワードはほとんど出てきません。

　人件費というワードは、税理士の守備範囲に思えます。会社全体のキャッシュフローの計画を立てて、その一部である人件費を検討する。そしてその人件費から個別の賃金設計をするというフローが求められます。しかし、おおかたの税理士は人件費までで、コンサルティングやアドバイスをするという思考がストップしているようです。そして、おおかたの社会保険労務士は、個別である賃金から全体の賃金総額を積み立てていく、木を見て森を見ず状態になりがちなのです。経営者の立場だと、人件費を起点とした賃金設計を含めた人事の提案を期待しているのに、それを担っている顧問が皆無なのです。

　コロナショックを経験した市場では、人件費から人事を構築・アドバイスをする、一緒に検討するという顧問のスタイルが緊急に求められます。これが、私が推奨したい人件費マネジメントの本質です。これができるか否かで、顧問先からの信頼度、感謝レベルは全く違ってきます。特に中小企業には独立した人事部が存在しませんから、差は歴然となります。絶対的なニーズがあります。初めて経験した緊急事態宣言中に『売上減少・人件費問題・家賃問題』のワードを連呼する経営者の悲痛な叫びを顧問は忘れてはいけません。この先、コロナショック以外の自然災害により、顧問先の経営がストップすることは稀なケースでは無くなっていきます。今こそ、我々顧問は、顧問先の人件費を真剣に考えなければなりません。そのような顧問を市場は待っています。

第 13 章

〈付録〉

共通言語でコンサルティング

人は行動に移せる指示でなければ行動に移せません。行動に移せる共通言語を活用すれば、顧問としてコンサルティング、アドバイスができるようになります。コンサルティングとは、顧問先の仕組みや制度を構築するものと位置付けております。その際にポイントとなる部分を『コンサルポイント』に記載しています。また、アドバイスとは文字通り助言ですから、顧問として助言すると信頼度が向上する内容を『アドバイスポイント』に記載しています。今後の顧問活動にご利用ください。

重要言語

管理

予定と実態を合わせること。

コンサルポイント

管理ができないとは、合わせるスキルがないか、予定がないかのいずれかである。ほとんどの場合予定を作成していない（できない）。予定を作成させることがコンサルティングになる。

マネジメント

数値と状態の２つの目標を達成、維持すること。習慣の構築。

コンサルポイント

一番重要なことは維持できているかということ。一度達成したら終わりのパターンが多いため、１年後に確認すると一度達成したものが出来ていないことも多々ある。維持するためには定期的な確認が必要。誰が・いつ・どのように確認するか・修正点発見後の対処・再確認。これを構築する。これを決めるように手助けをすることがコンサルティングになる。中小企業の場合、この確認を苦手とする風土が往々にしてある。

組織

2人以上の分業の仕組み。職務の集合体。

コンサルポイント

組織改革をするにも組織の定義を明確にしておくこと。組織は人対人ではない。職務対職務であることを間違えないように。まずは組織マトリックスを作成し職務ボックスを明確にすること。そして職務ボックスの中身を明文化（可能ならば箇条書きスタイルで）できれば、人事考課の考課項目にすることもできる。一緒に考えていくサポートがコンサルティングになる。

教育

不足している「知識」の投与。不足の発見（考査という）がスタート。

コンサルポイント

中小企業の経営者にとっては、従業員教育も苦手分野である。まずは、できないところを発見すること。発見できれば自然に教育へ流れるものである。その担当者をインストラクターという。従業員のできない要素を分類すると次の6つになる（第11章『人事をテーマにした顧問先との関わり方』にて紹介）。

　①知らなかった　②あまりやったことがない　③やる気がない

　④仕事量が多い　⑤仕組みがおかしい　⑥人事制度の問題

この場合、①〜③は本人の問題で④〜⑥は会社の問題である。不足している点を発見した後は、できない要因は何かを確定すること。確定して初めて対策を講じることが可能となる。

訓練

不足している「経験」の投与。不足の発見（考査という）がスタート。

コンサルポイント

教育と訓練は明確に異なる。訓練とはできないことを練習させることである。よって担当者は社内熟練者（トレーナーという）しかできない。できない要因

は前述の②である。社内の誰がトレーナーになるのか、これを決めることで責任を持たせて訓練させること。このような決まりと人事のアドバイスがコンサルティングの基本となる。

人材育成

部下の不足しているところを発見し、再教育・訓練を実施し、職務レベルを上げること。

コンサルポイント

人材育成は、中小企業がもっとも苦手にしている分野と言ってよい。定義を明確にするとPDCAサイクルであることに気づいて欲しい。Planは職務ボックスを明確にすること。つまり組織づくりが人材育成のスタート地点といえる。問題は①誰が、②誰を、③いつ、④不足点を、⑤どのような手法で発見し、⑥不足の要因を特定し、⑦対策計画をつくり、⑧対策を講じ、⑨どの期間でできるようにさせるか、⑩どういうサイクルで確認するか、など提案し、従業員がそれぞれの立場から行動に移せるようにすることが、コンサルティングのテーマになる。

改善

行動や習慣を変更することで対策を講じること。短期対策。

コンサルポイント

行動・習慣なので実際に関わる者はパート・アルバイトから一般職までの従業員となる。その従業員達に紙を配り、自分の職場で疑問に感じる行動やおかしな習慣を見つけて3つ列挙し記入してもらう。記入後の用紙を回収し、多いもの、あるいは重要と感じる内容からランキングをつける。行動を変えるのかなくすのか、悪しき習慣があればなくすように、などを提案していくことがコンサルティングとなる。改善の取り組みは、最低年1回は実施しておく方がいい。併せて『やめる会議』を定期的に開催できるようになれば一気に改善は進む。

改革

仕組みの変更で対策を講じること。中期対策（費用が伴う）。

コンサルポイント

中堅従業員から幹部までが改革の立役者になる。変更の仕組みを発見することが第1関門である。同じ職場にいると発見する目が鈍くなる。それゆえ外部の目が必要となり、発見の行為からコンサルティングとして関わることができる。発見ができれば50％は改革が進んだと考えて良い。改革の実務としては改善と異なり、専門的な知識が必要なケースが多い。コンサルタントの人脈（連携体制）も重要な要因になる。

変革

業態転換のことをいう。

コンサルポイント

変革は経営者にしかできない。経営者は孤独に変革と向き合うことになる。変革についての相談ができるのは顧問だけである（社内で相談できる人間はいない）。顧問として、経営者と共に考える姿勢が重要である。

職務

作業の集合体。これをまとめたものをガイドブックという。

コンサルポイント

組織は職務から構成される。組織をマトリックスで表現した場合、1マスが1つの職務となり、それを四角い形から職務ボックスと呼ぶ。会社にはいくつの職務ボックスがあるかをはっきりさせ、職務ボックスの中身を明文化させていく、この過程がコンサルティングになる。その結果ガイドブックも完成する。

作業

動作の集合体。1つの作業は約20の動作から構成される。これをまとめたものをマニュアルという。

コンサルポイント

作業列挙とは、職務ボックスの中身を明文化させることとイコールである。作業は基礎作業と専門作業に分けられる。基礎作業は部署に関係なくできなければならない作業であり、専門作業は部署内の専門スキルに連動する作業となる。コンサルティングをする場合は基礎作業から取り掛かる。専門作業は熟練者の協力が必要になるため、通常業務をこなしながらいかに効率よくできるかがコンサルティングの要になる。

効率

最小の投資で最大の成果を出すこと。分数で表現。

コンサルポイント

収入的要素を分子にし、支出的要素を分母にもってくる。効率とは％での表示もできるため、必ず効率は数字で表現するようにすること。効率に気合と根性の要素は全く必要ない。数値化することで比較が可能になり、見えなかったことも見えてくるものである。『○○効率』という固有名詞を作り、効率曲線などのアレンジもやりやすい。より重要なアイテムから着手することがコンサルティングの進め方になる。

能率

ムリ、ムダ、ムラをなくすこと。

コンサルポイント

能率を上げる行為と改善の本質は同じである。具体的にムリ・ムダ・ムラがある行動と考えてよい。この中でムリを最初に検討すること。ムリには体力的ムリと精神的ムリがある。精神的ムリがもっとも重要で、そのため能率に大きな

影響を与える。ハラスメントとも連動するケースもある。ムリ、ムダ、ムラを発見（発見方法は「改善」を参照）し、テスト期間を設けて発見した内容をしないと決め行動する。期間終了後に売上が下がらなかったか、経費増にならなかったか、顧客等に影響がなかったかを検証する。問題がなければやめることを決める。やめることが決まれば労働時間の圧縮につながり結果として能率は上がることになる。これら一連の流れを指導することがコンサルティングとなる。「社外の者でも能率を上げるのは簡単である」という思考を持つこと。

観察

現場で問題点を発見すること。問題解決のファーストステップ。

コンサルポイント

問題が生じたら最初にすることが観察である。「現場で」というところが重要である。まずは現場に直行し、何がいけないかを発見すること。現場で見つけられなければ次の分析、そして判断まで行けないため解決できないことになる。コンサルティングはこの行動パターンとレポートフローを構築することである。

分析

問題点の原因を推測すること。問題解決のセカンドステップ。

コンサルポイント

観察で、現場で問題点を発見したときに、なぜその問題が生じたのか推測する必要がある。ここにはセンスが影響するので熟練者の意見を求めるなど、分析をするためによいパターンを構築していくことが求められる。

判断

対策を講じること。問題解決のサードステップ。

コンサルポイント

問題解決の最後の段階。推測が固まったら対策は自然に出てくるケースが多い。

重要なことは対策を講じた後の評価である。問題解決の目的は二度と同じ問題を起こさないこと。対策が万全であったか確認、検証が必要である。このフローの構築がコンサルティングの中心である。

人時生産性
にんじ せいさんせい

１時間当たりの粗利高のこと。
- -

コンサルポイント

終身雇用が崩壊している昨今において、働き方は多様化（パート、アルバイト、契約、嘱託、派遣等）している。従って、生産性を表現するために以前のような１人当たりを基準にしてしまうと正確な生産性を出すことが困難である。そこで、１時間当たりの生産性を把握することでより精度が高い数値を出すことができる。この人時生産性の数値を活用することで精度の高いコンサルティングの材料にできる。

人事考課

対象期間の従業員の勤務状態を数値化すること。
- -

コンサルポイント

数値化しなければ管理ができない。しかし中小企業の場合、従業員の働きを数値化することが苦手であり、運用部署がないことがネックである。人事考課の考課項目は組織構築時に考えた職務ボックスが基本になる。顧問が運用サポートとして、考課表の配布⇒回収⇒集計⇒社長へ報告をする。この報告時に賞与原資からの支給表まで作成できると、それだけで管理料という名目で請求することができる（毎月の顧問料アップ）。ぜひコンサルメニューに加えて欲しい。

人事評価

数値化された人事考課を処遇等に反映させる仕組み。

コンサルポイント

評価は制度である。どのようなルールがその会社に適しているか、制度化できればパターン化ができる。どのパターンが適しているかの判断が決め手となる。パターンは少ないため、早く自分の得意なパターンを身に着けることが早道。会社の変化に応じて人事制度も変化させていく必要があるため、運用サポート込みで提案できれば70点スタートでも十分に対応可能である（運用しながら修正していくスタンス）。完璧主義を目指すとスタートが切れないと考えるべきである（100点でスタートしても必ず修正点は生じるものである）。

職位レベル

組織を行動の役割で分類した階級のこと。

コンサルポイント

顧問先の職位名に連動しながら決めていくこと。

責任

果たせなければペナルティを負う。

コンサルポイント

ペナルティのルールを作ることがコンサルティングとなる。

資格

職務を実行するために必要な知識と経験をいう

コンサルポイント

資格基準表を作成することがコンサルティングとなる。エース級のリーダーとプロジェクトを組むと成果が出る。

人件費分配率

粗利高に対する人件費の割合。50％を超えると危険。

コンサルポイント

この指標を基準に人件費の計画を立案する。顧問先ごとに目標、予定、限界の３つの視点から分配率を決めること。

予定人件費

事業計画で定めた人件費のこと。

コンサルポイント

事業計画立案時に人件費分配率を定め、これから算出される人件費の金額を予定人件費とする。

目標人件費

目標とする人件費のこと。

コンサルポイント

人件費分配率を30％とし、月当たりの人件費を設定する。分配率は業種により異なるので顧問先ごとに設定し、確認、アドバイスのフローを構築していく。

限界人件費

営業利益を圧迫する限界の人件費のこと。

コンサルポイント

人件費分配率50％を超えると限界といわれる。業種で異なるが顧問先ごとの限界人件費分配率を策定し、限界人件費を算出する。

人時生産性

１時間当たりの粗利高のこと。単位は円。

コンサルポイント

粗利高÷総労働時間数で算出。

総労働時間数は、パート・アルバイトなどすべての労働時間数の合計。

予定従業員人員数

事業計画で予定を立てた人事生産性から算出された人員数のこと。

コンサルポイント

予定を立てた人事生産性と所定労働時間数を用いて算出する。

目標従業員人員数

目標とする人時生産性から算出された人員数のこと。

コンサルポイント

目標とする人事生産性と所定労働時間数を用いて算出する。通常、目標とする人事生産性は6,000円である。

限界従業員人員数

限界の人時生産性から算出された人員数のこと。

コンサルポイント

これを上回ったら賃金を支払えない人数。人事生産性と所定労働時間数を用いて算出する。通常、限界とする人事生産性は4,000円である。

通常言語

報告

指示命令に対する伝達行為のこと。

アドバイスポイント

同じ伝達行為でも言語の意味を明確にして、最初に報告なのか連絡なのかを伝えるようにすること。「報告です」と言われれば自分の指示に対するものだとすぐに判断でき、重要性が高いか否かも即座に判断できる。

連絡

指示命令以外の伝達行為のこと。

アドバイスポイント

「連絡です」と言われると指示以外の伝達となるため、手を止めてでも対応することになる。後回しにするときは緊急性の有無を最初に確認すること。

相談

解決のための伝達行為のこと。

アドバイスポイント

短時間で終わることはまずないため、緊急性を確認し、時間の調整が必要となる。

任せる

職務範囲を決め、手順と決定権と指示命令権を委譲すること。

アドバイスポイント

任せるかどうかを決めるときは、権限移譲できるかの判断が重要になる。一旦任せたのであれば権限移譲をした態度で臨むこと。

営業
商品の良さを過不足なく伝えること（売ることではない）。

アドバイスポイント

営業成績がバラバラのときは、必ず伝達がバラバラである。商品の品質の良さ、価格の良さ、物流の良さなど少なくとも TOP 3 を決め、全営業マンが同じように伝えることができる仕組みを構築すること。

努力する
何かを変化させること。

アドバイスポイント

「努力しました」というなら「何を変化させたのか」と、確認する習慣をつけること。

考査
不足している知識及び経験を発見すること。

アドバイスポイント

作業から動作への一連の流れを明確にしたもの（これをマニュアルという）があれば、それをテキストとして知っているか確認することができる。これが考査である。

考課
不足している（又はできている）状態を数値化すること

アドバイスポイント

職務ボックスをもとに確認するフォームを作成していく。この工程がコンサルティングになる。エース級のリーダーとプロジェクトを組むと成果が上がる。

リーダーシップ

仕事において尊敬されること。権威。

アドバイスポイント

顧問としてリーダーシップ調査を構築することがコンサルティングになる。社内ではできにくいため社外の顧問が適任である。

会議

議論をする場であり、決定する場ではない。基本時間は１時間まで。

アドバイスポイント

時間を決めておかないと会議後のスケジュールを立てることができない。非効率。

ミーティング

短時間で行う確認・通達等の場。基本時間は15分まで。

アドバイスポイント

会議とミーティングは明確に区別しておくこと。

問題解決

現場で問題を発見し、原因を推測し対策を講じること。

アドバイスポイント

観察・分析・判断の順番で解決すること。社内の報告書もこの３つのカテゴリーで構成するとよい。

幹部

トップが決めた戦略を実現する人。数値責任を負う。

アドバイスポイント

幹部を集めて幹部の定義を明確にさせること。責任も明確にしておくこと。

普通の幹部

自分の職務が完遂でき、かつ部下の育成ができる人。

アドバイスポイント

育成がポイントになる。育成が苦手な幹部も多くいる。

悪い幹部

自分の職務だけ完遂できる人。

アドバイスポイント

自己主義の幹部は幹部ではない。組織で動いている認識を持たせること。

良い幹部

自分の職務が完遂でき、かつ部下の育成もでき、上司の育成までできる人。

アドバイスポイント

真のリーダーシップがとれる幹部といえる。

おわりに

　人事コンサルティング＝人事評価制度の構築ではありません。この本の構成は人事評価制度については補足的に説明したにすぎません。大事なことは相手を考えること。日本では従業員50人未満の中小企業の占める割合は約9割になります。この規模の会社には人事部がなく、人事評価もできません。考えていただきたいのは制度の構築で高い報酬をいただくのではなく、この規模の会社でも運用するためのサポートをどうしたらできるかということです。このサポートができるのはスポットでのコンサルタントではなく、顧問といわれる皆さまだけです。人事系のコンサルティングサービスは高額になります。そのため、中小企業では依頼をすることすらできない状況にもあります。制度構築とコンサルタント料のダブル加算になりますから無理もありません。

　顧問の方々が少しの顧問料アップだけで人件費マネジメントの顧問をしていただければ、どれほどの中小企業の役に立つか想像してみてください。社会保険労務士だとか税理士だとかどうでもいい話です。一番影響力がある顧問が取り組めばいい、ただそれだけです。

　今後、雇用という契約形態は大きく変化していきます。定例化された作業は、外注する方が企業にとってメリットがあるからです。さらに、労働人口の減少も相俟って、労働人口が飽和の時代が来ます。高いパフォーマンスを発揮する限られた従業員が会社を担っていくようになります。そうなれば今以上に人事という従業員資産の価値を高める施策が重要になってきます。今から顧問としてもっと問題意識を持ってほしいのです。顧問先がもっとよくなるには、日本の中小企業がもっとよくなるためには、皆さまの力が必要です。

　『顧問』というものを今一度検討していただきたく思います。

　この本は顧問税理士向けに執筆したものですが、社会保険労務士の方や、コンサルティングが専門の中小企業診断士の方々にも読んでいただきたく存じま

す。顧問先をサポートするという点では士業の境は必要ありません。なぜならばその観点は顧問の観点だからです。顧問先の視点からすれば、どの士業でもいいから、本気で我が社の人事と会計を両方の視点から見て欲しい、と思われているのです。そして、その願望は顧問の士業であれば気づいているはずです。この本で紹介した内容は、行政は絡まないものですから、士業の境も考慮する必要はありません。顧問であるすべての士業の方々に読んでいただきたいもの、ということを最後にお伝えいたします。

　最後になりましたが、この本を制作するにあたり、出版のきっかけを作っていただいた株式会社日税サービス西日本の神崎邦典様、並びに支援をいただいた浦部英雄様（現福岡県中小企業団体中央会事務局長）には、厚く御礼申し上げます。

　私の父（大津敏昭）は国税 OB の税理士でした。58歳定年で退官し、退官後は、税理士として精力的に活動しておりました。私は、父の税理士事務所を継ごうと、会社員を続けながら大学院にて会計学を学んでいました。しかし、父が67歳のときに癌だとわかり、半年で他界。同時に税理士事務所の看板を下ろすこととなり、私は税理士になることを断念しました。一緒に仕事をしたかったのですが、その夢は叶いませんでした。その後、社会保険労務士に変更し合格、違う看板を上げることになります。

　私にとって父は世界で一番尊敬できる人であり、税理士は憧れの職業です。今でもそうです。死ぬまでそうでしょう。

拝啓　大津敏昭　様
　今、私は税理士ではなく社会保険労務士として、このような形で税理士をはじめとした顧問の方々と関わることができています。

多くの顧問の方々のお役に立つことで、日本の中小企業のミライを創ること。
これを私の使命として邁進いたします。

　どうぞ天国から非力な私を見ていてください。

敬具

読 者 限 定 特 典

　本書の出版に際し、LINE 公式アカウントを開設しました。本書を購入いただいたみなさまへのお礼として、以下の 2 つの特典をご案内いたします。みなさまの顧問活動にお役立てください（いずれも無料ですので、お気軽にご利用ください）。

特典 1

LINE 公式アカウントにて本書の内容に関するご質問を受け付けます。以下の
QR コードから登録後、トークルーム（チャット）にてご質問ください。

特典 2

タイプ・キャラクター診断について、簡易版の診断フォームを本書に掲載しましたが、ご自身のタイプ・キャラクターを詳しく知りたい方は LINE 公式アカウントからご依頼ください。正規版の診断フォームをお送りします。入力したフォームを送信いただければ、後日、レポート（PDF）を返信いたします。

※この診断フォームは顧問先へのコンサルツールとして弊社で開発し、実際に活用しているものです。

人件費マネジメント@ミライ人事
LINE 公式アカウント

『人件費マネジメント』に関する情報は、今後、LINE 公式アカウントを通じて発信していく予定です。

［ご注意］
・上記特典を利用するには、LINE 公式アカウントへの登録が必要になります。
・ご質問には迅速に回答するよう努めますが、状況により数日要する場合があります。また、回数も無料サービスの常識的範囲内とさせていただきます。
・上記特典は予告なく終了することがあります。
・上記特典は著者・大津直高氏が提供するもので、特典の内容・利用方法等については発売元・株式会社清文社にお問い合わせをいただいてもお答えすることができません。あらかじめご了承ください。

著者紹介

大津　直高（おおつ　なおたか）

社会保険労務士・ミライ人事株式会社社代表取締役
2004年8月社労士事務所開業。人事コンサルティングの法人を設立し、ニーズ商品の追求を継続している。自社開発したシステムは5つ。現在のクラウドシステムは、福岡県の中小企業団体中央会と連携で経営革新計画の承認を受け、ミライ人事®運営委員会としてサービスを展開中。

ミライ人事®運営委員会

人件費マネジメントを促進するため、顧問税理士等が人件費のマネジメント及び人事のアドバイスができるようにミライ人事®クラウドシステムを活用しながら、福岡県中小企業団体中央会と連携して経営支援を促進するプロジェクト事業。

顧問先の悩みを解決する

人件費マネジメントの教科書

2020年12月5日　発行

著　者　　大津　直高　Ⓒ

発行所　　ミライ人事株式会社

発売所　　株式会社 清文社

東京都千代田区内神田1－6－6（MIF ビル）
〒101-0047　電話 03(6273)7946　FAX 03(3518)0299
大阪市北区天神橋2丁目北2－6（大和南森町ビル）
〒530-0041　電話 06(6135)4050　FAX 06(6135)4059
URL http://www.skattsei.co.jp/

印刷：亜細亜印刷㈱

ISBN978-4-433-41590-7